DIE MACHT DER GEHEIMBÜNDE

Freimaurer, Rosenkreuzer, Tempelritter & Co

Peter Wendling

DIE MACHT DER GEHEIMBÜNDE

Freimaurer, Rosenkreuzer, Tempelritter & Co

Bassermann

ISBN-10: 3-8094-1923-0
ISBN-13: 978-3-8094-1923-5

Titel der Originalausgabe: Die Unfehlbaren

Umschlaggestaltung: Atelier Versen, Bad Aibling
Redaktion dieser Auflage: Anja Halveland
Herstellung dieser Auflage: Sonja Storz

Druck und Bindung: GGP Media GmbH, Pößneck
Printed in Germany

048/013300102X817 2635 4453 6271

Für Tine, die ernsthaft darauf besteht, mein Club zu sein – exklusiv.

Inhalt

Vorwort

»Ohne Fehl und Tadel« – unter diesem hehren Motto ziehen exklusive Clubs, Logen, Orden und Zirkel Scharen von Mitgliedern an, die von sich behaupten, ein gemeinsames Ziel zu verfolgen oder einfach nur unter sich sein zu wollen.

Exklusiv die Clubs, exklusiv die Auswahl: Das heißt, nicht jede Vereinigung kann und soll hier untersucht werden, sondern ausschließlich die Etablierten und die interessanten Newcomer im deutschsprachigen Raum. So fallen zum Beispiel die unzähligen Studentenverbindungen, Burschenschaften und Gartenvereine ebenso durch den Raster wie religiöse Vereinigungen, Sekten und Offizierskorps, Heilsarmee sowie diverse Clubs, deren erklärtes Ziel es ist, ihre Mitglieder finanziell zu ruinieren. Daß die Szene keine Werbung treibt, darf begrüßt werden, denn nur so kann der jeweilige Rahmen gewährleistet werden. Deshalb soll auch dieses Buch weder ein PR-Band noch eine Hetzbroschüre werden, sondern ein informatives Werk, das jedoch durchaus konstruktive Kritik enthält.

Um die Sprache gleich auf den geläufigen Kritikpunkt »Interessenklüngel« zu lenken, sei bereits an dieser Stelle verraten, daß gemeinsame Interessen und Ziele naturgemäß die Basis einer jeden Vereinigung darstellen und eine mehr oder weniger gut durchwachsene Kamarilla selbstverständlich in jedem Club besteht. Weit über profane Lifestyle-Probleme hinaus reicht man sich so hinter verschlossenen Mauern nicht nur die Hände, sondern auch die Visitenkarten zum Aufbau weltumspannender Beziehungsnetze. Recht so, denn wer nicht weltweit familiäre oder durch eigene Leistung gewachsene Kontakte sein eigen nennen kann, darf sich behelfen. Und wer dann nicht nur sich selbst hilft, sondern mit den einkassierten Mitgliedsbeiträgen auch noch gezielte Hilfe am Schwachen leistet, sollte sich – mit Einschränkung – nicht nur Freund oder Bruder, sondern Menschenfreund nennen dürfen: selbst wenn der Altruismus straff organisiert ist.

Ambassador

»... Das wesentliche Merkmal bleibt die Tätigkeit und der Dynamismus in den regionalen Clubs. Die Statuten räumen ihnen eine große Autonomie ein betreffend ihrer kulturellen, gesellschaftlichen und Freizeit-Bemühungen. Dies ist das föderalistische Konzept unseres Ambassador Clubs International. Es scheint nun angebracht, in Erinnerung zu rufen, daß der Ambassador Club durch seine Institution grundsätzlich kein Dienstleistungsclub ist, im Gegensatz zu anderen, älteren und wichtigeren, die sich ebenfalls auf der Basis von zwischenberuflichen Kriterien zusammenschließen. Hingegen haben die regionalen Clubs die Freiheit und das Recht, jegliche ›Hilfsaktionen‹, die sie als notwendig erachten, durchzuführen. Die Statuten verpflichten sie nicht dazu, aber sie verbieten es ihnen auch nicht ...«

Dieser klaren Aussage des ehemaligen Ambassador-Präsidenten Jean-Pierre Schadt ist nur wenig hinzuzufügen – ein Club mit berufsorientierten Kontakten, dem laut Satzung Hilfeleistungen nicht verboten sind, gibt sich die Ehre. So weit, so gut – doch wer sich einige der publizierten Anthologien genauer ansieht, findet im Tenor der Reden, Ansprachen und Aufsätze sehr wohl Ansätze, die ebenso von einer internationalen Hilfsorganisation stammen könnten. Von Humanität, Hilfsbereitschaft, Achtung und Völkerverständigung ist des öfteren die Rede, und so ist es eigentlich schade, daß die gepflegte Ethik nur innerhalb der Clubs praktiziert wird.

Eine egoistische, selbstgefällige Vereinigung Gleichgesinnter, die es sich gutgehen läßt, ohne über den Tellerrand zu schauen? Und wenn dem so wäre, weshalb eigentlich nicht? Nur, dann sollte der Rest der Welt auch konsequenterweise von guten Ratschlägen verschont bleiben, denn das Konzept heißt: *»Ein Ambassadorianer ist ein Botschafter seines Berufs, und der Club ist das Forum dieser Botschafter.«*

Geschichte

Am 31. August 1956 haben sich Hans Feuz, Paul Hess und Werner von Niederhäusern in dessen Berner Privatwohnung zusammengefunden, um die Statuten in Kraft zu setzen und den Ambassador Club zu gründen. Nach weiteren Clubgründungen in der Schweiz ließ man Inserate in deutschen und österreichischen Zeitungen erscheinen, die ab 1959 zur Gründung von nationalen Clubs führten. Heute umfaßt der Internationale Ambassador Club 10 nationale und 160 regionale Clubs mit rund 3000 Mitgliedern; die Botschafter kommen aus der Schweiz, Deutschland, Österreich, Frankreich, Italien, Holland, Belgien, Spanien, Taiwan und den Philippinen.

Daß der Club rund 14 Jahre lang bis zum Jahre 1970 ohne Club-Philosophie wuchs, mag erstaunen, denn nach dem ehemaligen Generalsekretär Walter Rohner *»können aus den Dossiers keine Gründe herausgeschält werden, welche drei Männer im Sommer 1956 dazu bewogen haben, einen Club mit dem Namen Ambassador zu gründen, wobei auch der Grund für diese Namensgebung ungeklärt bleibt«*. Doch der bereits zitierte Jean-Pierre Schadt hat sich nicht nur über die Erklärung, sondern auch über die Lösung des Problems Gedanken gemacht:

»So liegt denn, genau wie auch bei anderen, in der Weltgeschichte wichtigeren Gemeinschaften, unsere Geburt in einem gewissen Mysterium, denn die Archivdokumente sind sehr gering für das erste Jahr. Doch wurde ein Protokoll wiedergefunden: jenes vom 31. August 1956, Datum der offiziellen Gründung des Ambassador Clubs Bern, des schweizerischen Ambassador Clubs und des internationalen Ambassador Clubs. Und kurze Zeit später wurden unsere Statuten ausgearbeitet . . .«

So einfach ist das, wenn auch ein wenig unglaubwürdig. Doch das »gewisse Mysterium«, in dessen Schatten innerhalb von 14 Jahren über 700 Mitglieder geworben werden konnten, mag in Frieden ruhen – immerhin wurde im Jahre 1970 die »Idee« ins Leben gerufen, und es sollte fortan heißen: *»Wir hatten bereits eine Geschichte, wir gaben uns auch eine Urkunde.«*

Die Idee

- *Der Ambassador Club* ist eine europäische Vereinigung mit Sitz in der Schweiz. Er besteht aus regionalen Clubs, die in internationalen Clubs zusammengefaßt sind.
  Diese bilden den Internationalen Ambassador Club.
- Die regionalen Clubs gestalten ihr Clubleben in eigener Verantwortung.
  Ambassadoren treffen sich mindestens einmal im Monat.
- Die Mitglieder eines regionalen Clubs gehören verschiedenen Berufen an, in denen sie sich bewährt haben. Jeder Beruf sollte nur einmal vertreten sein. Für die Aufnahme als Mitglied entscheidet allein der menschliche Wert.
  Ambassador wird man auf Vorschlag und durch einstimmige Wahl.

- Der Ambassador Club will die geistigen Kräfte des Menschen, seine inneren Werte und seine individuellen Eigenarten fördern. Er stellt den Menschen in den Mittelpunkt.
- Der Ambassador Club hat Freiheit, Humanität und Hilfsbereitschaft als tragende Idee. Er ist politisch unabhängig und achtet die religiöse Überzeugung eines jeden.
- Der Ambassador Club fordert von seinen Mitgliedern Toleranz.
- Der Ambassador Club erwartet von seinen Mitgliedern Aufgeschlossenheit, gegenseitige Achtung und Vertrauen untereinander.

  Ambassadoren wollen sich freundschaftlich begegnen in offenem Gespräch und gemeinsamem Erleben. Verschiedenheit von Alter, Herkunft, Bildung und Beruf bereichern das Leben im Ambassador Club.

  Ambassadoren sollen auch außerhalb des Clubs in Beruf und Gesellschaft ihr Bestes geben.
- Der Ambassador Club will über Ländergrenzen hinweg zum Verständnis der Völker beitragen.

Diese Idee ist, wenngleich nicht gerade neu, zweifellos gut. Man ist unter sich, speist und parliert zusammen, lauscht intelligenten Vorträgen, oder man hält selbst einmal eine Rede, ohne Gefahr zu laufen, ausgepfiffen zu werden. Und wenn man es strategisch geschickt einfädelt, so wird man als reisendes Mitglied am Zielflughafen von freundlichen Herren abgeholt und untergebracht. So gesehen bestimmt eine feine Sache für vielbeschäftigte Herren, die aus irgendwelchen Gründen auch immer unter ihresgleichen bleiben wollen. Rund 3000 Freunde in zehn Ländern zählt der Ambassadorianer – eine ganze Menge, möchte man meinen.

Und trotzdem scheint diese innere Geborgenheit in kleinem Kreise nicht ganz ungefährlich. Eine gewisse Verführung zum Pharisäertum ist nicht von der Hand zu weisen, eine Versuchung, die im übrigen von den meisten Clubs ausgeht. Lippenbekenntnisse geben sich die Hand, guter Wille und edle Gesinnung werden im festgesetzten Turnus demonstriert – und wenn man wieder zu Hause ist, geht alles seinen alten Trott. Die Mitgliedschaft in solchen Clubs, wie immer sie auch heißen mögen, kann tatsächlich dazu verführen, die innere Schokoladenseite ausschließlich im begrenzten Bruderkreis zu entblößen, doch dem »Rest der Welt« die kalte Schulter zu zeigen. Der Club als Alibifunktion, der gegen eine Jahresgebühr generelle Absolution erteilt? Das wäre nicht nur traurig, sondern geradezu armselig, und die Mitglieder sollten sich nicht zur sogenannten Elite zählen dürfen, sondern zu den wirklich Schwachen, die sich hinter ihren Clubmauern verstecken müssen. Zu den Zeitgenossen, die sich nur durch ständiges Schulterklopfen die benötigte Lebenskraft holen können, indem sie von Clubtreffen zu Clubtreffen turnen und diese Veranstaltungen zum alleinigen Mittelpunkt ihres Lebens machen.

In diesem Sinne bleibt zu hoffen, daß es sich beim Ambassador Club und seinen Freunden nicht wie angedeutet verhält und daß die Parolen *Hilfsbereitschaft, Humanität, Toleranz, gegenseitige Achtung* sowie *Völkerverständnis* nicht nur verbal gepflegt, sondern in vollem Umfang tatsächlich praktiziert werden – und zwar nach außen. Und wer den Club ausschließlich dazu benutzt, sich aus Gründen des Zeitmangels oder der Phantasielosigkeit entsprechende Anregungen für sein Leben außerhalb des Clubs zu beschaffen, der kann mit Sicherheit nur dann gut bedient werden, wenn er sich vom Vereinsleben nicht allzusehr fesseln läßt. Natürlich setzt diese Einstellung eine gewisse Eigeninitiative und innere Selbständigkeit voraus – doch was sonst darf man sich von einer Gruppierung wünschen, die nach eigener Aussage eine Elite erfassen und eine Gemeinschaft von Auserwählten sein soll?

Druiden

Wohl jeder kennt sie, die witzige Comic-Serie um Asterix und Obelix: Die streitbaren Gallier gehörten zur indogermanischen Volksgruppe der Kelten, deren Macht letztendlich doch von den Römern gebrochen wurde: Gajus Julius Caesar bezwang die letzten Gallier im Jahre 51 v. Chr. Druiden waren bei den Kelten Gelehrte und Priester, Ärzte und Richter – kurzum Mittler zur Gottheit, die ihrer Nachwelt Erstaunliches hinterlassen haben sollen.

Der schottische Dichter und Lehrer James Macpherson veröffentlichte im Jahre 1760 Gedichte des sagenhaften keltischen Barden Ossian, die dieser im 3. Jahrhundert geschrieben haben soll (»Die Gesänge des Ossian«). Obwohl sich die Texte frühzeitig als Fälschung herausstellten, hatte das Werk wegen seiner schwermütigen Stimmung eine starke Auswirkung auf die abendländische Kultur – Klopstock, Herder und Goethe ließen sich unter anderem von Ossian alias Macpherson beeinflussen. Die daraufhin einsetzende Keltomanie führte zu seltsamen Blüten, so daß letztendlich sogar die Paradiesbewohner Adam und Eva keltisch miteinander gesprochen haben sollen.

Was genau es jedoch mit dem Wissen, der Welterkenntnis und den Kulten der alten Kelten auf sich hatte, ist nahezu unbekannt: Bestaunt werden können nur noch archäologische Leckerbissen wie beispielsweise der Ringbau von Stonehenge, die Säulenreihen von Carmac und das Grab von Hochdorf.

Geschichte

»Es scheint mir, daß unsere Vereinigung Zusammenkünfte veranstalten muß, um gute Kameradschaft, Heiterkeit und brüderliche Liebe zu fördern. Unsere Kälte und Zurückhaltung Fremden gegenüber in England sind in jedem Land bekannt. Es gab in alter Zeit Männer, die es verstanden, das Volk ihrer Zeit zu belehren und nützliche und schöne Künste bei den alten Briten einzuführen. Es waren dies die Druiden. Mein Vorschlag geht daher dahin, daß wir den Namen dieser gelehrigen Männer annehmen.«

Der Zimmermann Henry Hurle sprach diese edlen Sätze bei der Gründungsfeier des »Ancient Order of Druids« (Alter Orden der Druiden) am 29. November 1781 in einer kleinen Taverne der Londoner Poland Street – edel auch deshalb, weil der Orden bis heute nicht nur sich selbst, sondern insbesondere ordensfremden, notleidenden und kranken Menschen tatkräftig hilft. Von England durch Auswanderer in die Neue Welt getragen, verbreitete sich der Orden zunächst in Nordamerika (1824), Australien (1851) und Neuseeland (1879). Nach der Gründung des Vereinigten Alten Ordens der Druiden in Frankreich (1869) gelangte die Bruderschaft schließlich nach Deutschland: Im Jahre 1872, nach Beendigung des Deutsch-Französischen Kriegs, wurde der kalifornische Bruder Hafky über den Ozean geschickt, um *»in Deutschland und anderswo achtbare Männer dem Druiden-Orden zu weihen und Haine einzusetzen, die unter seiner Authorität stehen sollten. Und wenn er für beständig von dort weggeht, so soll er dieselbe Gewalt irgend einem dazu befähigten Mitgliede übertragen.«*

Druide Hafky erwies sich als der richtige Mann für diesen Auftrag: Am 15. Dezember 1872 wurde die heute noch bestehende Dodona-Loge in Berlin gegründet, und als sich der Pionier am 7. Mai 1873 wieder in Richtung USA einschiffte, standen auch in

Hamburg, Bremerhaven und Stuttgart Logen mit insgesamt 73 Mitgliedern.

Im nationalsozialistischen Deutschland wurden die bis dahin 254 Logen mit rund 13 000 Mitgliedern im Jahre 1936 aufgelöst, arbeiteten jedoch im Untergrund weiter und blieben mit den Logen in Dänemark, Norwegen und Schweden in Kontakt. Die erste deutsche Druiden-Loge nach dem Krieg wurde in Ost-Berlin gegründet, und bis zu ihrem Verbot im Jahre 1953 waren im Ostteil der Stadt drei Logen mit über 200 Mitgliedern beheimatet. Der heutige Druiden-Orden ist in den Ländern Australien, Dänemark, Deutschland, England, Neuseeland, Norwegen, Schweden, Schweiz und USA aktiv, wobei in der Bundesrepublik über 2100 Mitglieder in 71 Logen vereint sind – mit der Eröffnung neuer Logen in der ehemaligen DDR darf in absehbarer Zeit gerechnet werden.

Mit einem Durchschnittsalter von 51,4 Jahren halten sich Angestellte und Selbständige in etwa die Waage, und es ist der Bruderschaft zugute zu halten, daß sie weniger materiell als vielmehr humanitär ausgerichtet ist – und das, obwohl dieser karitative Zug in den sieben Geboten des Ordens nicht ausdrücklich festgehalten ist:

- *Befleißige dich, deine Kenntnisse zu mehren, denn Wissen ist Macht.*
- *Wenn du Macht hast, übe sie mit Vernunft, und sei eingedenk, daß sie wieder aufhören kann.*
- *Ertrage des Lebens Übel mit Standhaftigkeit, und bedenke, daß irdischer Kummer nicht ewig währt.*
- *Übe die Tugend, denn sie gibt Frieden.*
- *Verabscheue das Laster, denn es bringt Unglück und Sorge.*
- *Sei ein guter Bürger deines Vaterlandes.*
- *Übe die geselligen Tugenden, so wirst du von vielen Menschen geliebt werden.*

Dem Bonmot *Wissen ist Macht* darf an dieser Stelle aus Gründen der Balance das Sprichwort *Was wir nicht wissen sollen, das sollen wir nicht wissen wollen* gegenübergestellt werden, denn der markige Spruch *Wissen ist Macht* stammt von dem englischen Staatsmann und Philosophen Baron Francis Bacon (1561–1626), der als Gegner des mittelalterlichen Buchwissens in der Erfahrung die einzig verläßliche Quelle der Erkenntnis sah und die Naturbeherrschung zur höchsten Aufgabe der Wissenschaft erhob. In diesem Sinne sei es erlaubt, die druidischen Gebote noch um das Bibelwort *Wenn du aber Almosen gibst, so laß deine linke Hand nicht wissen, was die rechte tut* anzureichern, denn was sich innerhalb der Haine bzw. Logen abspielt, ist bei weitem nicht so klar ersichtlich wie die Spenden- und Hilfsaktionen der tugendhaften Bruderschaft.

Logen

»Was ist das Geheimnisvolle an Logen? Es gibt nichts Geheimnisvolles, schon gar nicht Geheimnisse oder Geheimlehren. Zum einen üben wir Verschwiegenheit. Das ist etwas Gutes. Zum anderen haben wir ein Ritual, über dessen Einzelheiten wir schweigen. Das Ritual ist Rahmen festlicher oder feierlicher Handlungen im Innenraum. Sie bringen uns zu Besinnlichkeit, sie sollen helfen, Abstand vom anstrengenden Alltag zu gewinnen und Dinge zu gewahren, die lebenswichtig sind, aber durch Berufs- und Lebenskampf uns ferne zu rücken drohen. Wir erwarten von uns, daß wir über unser rituelles Tun schweigen, weil wir vermeiden möchten, daß Uneingeweihte darüber reden. Dies ist eine Frage des Takts und des Anstands. Beides können wir nicht von jedem Außenstehenden erwarten.«

So sprach Druide Ingo Bergmann im offiziellen Druiden-Organ »Der Druide« 2/90, und was er damit ausdrückt, stimmt nachdenklich: Angeblich lebenswichtige Dinge werden verschwiegen, und der intime Zirkel erhebt sich somit über den Rest der Welt, der notleidend im Schatten der Macht leben muß. Die freimaurerähnliche Organisation ist straff gegliedert, fünf Grade muß der Neuling bis zur Führungsspitze durchschreiten:

- *Ovaten-Grad*
- *Barden-Grad*
- *Druiden-Grad*
- *Ehren-Grad*
- *Alt-Edel-Erz-Grad*

Das Ritual bzw. die Logenarbeit ist geheim. Bekannt ist lediglich, daß der Ovate zunächst einmal alles über den eigenen Orden erfährt, daß sich der Barde mit (keltischer?) Musik beschäftigt, daß sich der Druide um die großen Religionen kümmert und daß den höheren Graden das Ordens-Management obliegt. Die Art und Weise der Darbietungen baut sich auf den neu gestrickten Lehren der keltischen Druiden auf, wobei stets wiederkehrend das Gedankengut der druidischen Weisheit in Dialogform rezitiert oder abgelesen wird. Äußere Requisiten wie beispielsweise Bühne, Beleuchtung und Kostüme stützen die feierlich-theatralische Stimmung und sorgen für die angesagte Loslösung von den Problemen und Sorgen des Alltags. Unerwünscht sind bei den regelmäßigen Pflichttreffen parteipolitische und konfessionelle Debatten, toleriert werden hingegen – bei gebotener Distanz – politische und religiöse Gespräche. Ob dieses Ausweichen vor Erfordernissen der Zeit und diese übertriebene Hingebung an keltische Geschichte wohl der Grund ist, daß sich viele neue Ordensbrüder nach relativ kurzer Mitgliedszeit wieder von den Hainen abwenden, fragt man sich mittlerweile auch in den eigenen Reihen:

»... Kürzlich kam mir der Gedanke, ob es nicht sein könnte, daß mit dem Inhalt bei uns etwas nicht stimmt oder daß wir ihn und somit uns selbst ganz einfach zu ungeschickt darstellen.

... Kommt die Zielsetzung des Ordens, festgeschrieben im Ordensgesetz, immer klar heraus, und entspricht sie im Einzelfall auch den Gegebenheiten?

... Eine Vereinigung, die in überstarkem Maße die Pflege von Traditionen betont, wird sich schwertun, neue Leute an sich zu binden, ja, überhaupt an sie heranzukommen. Traditionsbewußtsein und -pflege haben für unseren Orden durchaus ihren Stellenwert, sollten jedoch nicht zum Selbstzweck werden ...«

Man macht sich Sorgen um den Nachwuchs bei den Druiden, und was hier Druide Harald Krüger in »Der Druide« 2/90 zum besten gab, sollte das Ordens-Management nicht nur zum Nachdenken, sondern zum Handeln animieren, denn es wäre wirklich schade, wenn das relativ starke karitative Element der Bruderschaft zum Erliegen käme.

Freimaurer

»Humanitär-ethische Vereinigungen (Logen), die zu geheimen Ritualen und Zeremonien zusammenkommen und das Ziel verfolgen, durch geistige und sittliche Vervollkommnung sowie vorbildhaftes Handeln für die Verwirklichung der Menschenrechte, Glaubens-, Gewissens- und Denkfreiheit einzutreten . . .«
(Aktuell – Das Lexikon der Gegenwart, 1984)

So nur eine der unzähligen lexikalischen Definitionen der Freimaurerei, deren Bibliographie mittlerweile mehrere zehntausend Titel umfaßt. Allein dieser Umstand widerspricht schon obiger Erwähnung *»geheimer Rituale«*, die tatsächlich viel weniger geheim als viele Aufsichtsratssitzungen von Wirtschaftsunternehmen sind.

Inwieweit Freimaurer ihre erklärten Ziele hinsichtlich Vervollkommnung und vorbildhaften Handelns bereits erreicht haben, ist nicht klar ersichtlich, denn bei einer Mitgliedszahl von rund sechs Millionen müßte man von dem einen oder anderen Apostel schon gehört haben – fest steht allerdings, daß erwähnenswerte Summen in wohltätige Zwecke fließen.

Geschichte

Wesentlich zu dem geheimnisvollen Mantel um die Freimaurerei haben wohl die Legenden beigetragen, die sich um die Entstehung dieser alten Bruderschaft ranken. Wie abenteuerlich viele dieser Entstehungstheorien sind, zeigt die nachstehende kurze Übersicht. Sie mag zwar heute zur Heiterkeit anregen, doch in vergangenen Zeiten mit höherer Gewichtung von Aberglaube und Mystik war die eine oder andere These durchaus in der Lage, höchste Ehrfurcht einzuflößen und mancherorts sogar Gefahr zu signalisieren.

- *Adam als erster Freimaurer*
- *Anfänge der Freimaurerei mit der Erschaffung der Welt*
- *Entstehung der Freimaurerei noch vor Erschaffung der Welt auf einem anderen Planeten*
- *Entstehung der Freimaurerei aus dem Isis-und-Osiris-Kult des alten Ägypten*
- *Noah als erster Freimaurer*
- *Jesus Christus als erster Freimaurer*
- *Zeus als erster Freimaurer*
- *Jüdische Herkunft der Freimaurerei*
- *Freimaurerei als Erfindung des Puritaners Cromwell*
- *Freimaurerei als Neuformation der Rosenkreuzer*

Diese Liste ließe sich mühelos auf mehrere Seiten erweitern, wobei wirklich ernstzunehmende Indizien für eine Verbindung der Freimaurerei mit dem Tempelherrenorden sprechen, der Anfang des 12. Jahrhunderts von neun Kreuzrittern gegründet wurde. Als ein Argument für diese These sei erwähnt, daß zahlreiche rituelle Freimaurer-Ausdrücke und Paßworte hebräischen Ursprungs sind – aus Jerusalem, dem Ort, in dem der Tempelherrenorden die wichtigste und längste Periode seiner Geschichte verbracht hatte.

Entstehung und Entwicklung

Tatsächlich nachgewiesen als Wiege der Freimaurer ist das mittelalterliche England, wo sich Bauhandwerker zu Bruderschaften organisierten, um die königliche Kunst von Architektur und Bauhandwerk zu pflegen. Die »Freemasons«, also die Freimaurer, genossen aufgrund ihrer Kunstfertigkeit, feine Steinmetzarbeit zu verrichten, höchstes Ansehen und im Vergleich zu anderen Gilden bemerkenswerte Privilegien: Geschützt durch Papst und König durften die Maurer selbst in kriegerischen Zeiten ungehindert reisen und wurden von allen politischen Regimen umworben.

»Lodge«, ins Deutsche mit »Loge« übersetzt, bezeichnete die Bauhütte als Gebäude, das den Bauhandwerkern während der langen Bauzeiten gleichsam als Werkstatt, Aufenthalts- und Versammlungsraum diente. Aus der reinen Bauhütte wurde eine Organisationsform – die Loge als Zentrum der Bauhandwerker, die an den großen Dombauwerken und Kathedralen des Mittelalters arbeiteten. Bekannt sind solche Einzellogen aus dem 14. und 15. Jahrhundert, wie zum Beispiel am Yorker Münster, an der Kathedrale von Canterbury sowie an den Kirchen von St. Nicolas in Aberdeen und St. Giles in Edinburgh.

Erheblichen Zuwachs an politischem Einfluß erlangten die Freimaurer nach der Zerstörung Londons durch eine Feuersbrunst im Jahre 1666. Die Logen der für den raschen Wiederaufbau benötigten Bauleute wurden zunehmend von intellektuellen Angehörigen nichthandwerklicher Berufe unterwandert, die das Ansehen der Bauhütten für ihre Zwecke verwandten. Unterstützt durch das Ausklingen der großen Dombauten, waren in einigen Logen schon bald die sogenannten angenommenen Maurer in der Überzahl – der Umwandlungsprozeß zur geistigen oder spekulativen, nur mehr symbolisch bauenden Freimaurerei war im vollen Gange und fand seinen Abschluß am Johannistag des Jahres 1717:

An diesem 24. Juni versammelten sich im Londoner Gasthaus »Goose and Gridiron« die Mitglieder von vier Logen und konstituierten die erste Großloge der Welt. Bereits vier Jahre später war die Loge mit einem Hocharistokraten als Großmeister hoffähig, und im Jahre 1723 gab sich die Bruderschaft eine neue Konstitution, die »Alten Pflichten«, das bis heute gültige Grundgesetz der Freimaurer.

Das Streben nach Vollendung und der humanitäre Grundgedanke des Männerbundes verbreiteten sich nach der Gründung der ersten Großloge geradezu explosionsartig, so daß innerhalb von kurzer Zeit nicht nur Europa, sondern der ganze Erdball mit Logen übersät war. Über die Entwicklung der Bruderschaft bis zur heutigen Zeit wurde viel geschrieben, die Bibliotheken und Archive sind voll mit Aufzeichnungen über politische Verfolgungen und päpstliche Ächtungen. Laut logeninterner Definition war der geschichtsnotwendige Auftrag der Freimaurerei im 18. Jahrhundert die Befreiung des Menschen aus selbstverschuldeter Unmündigkeit, während es heute gilt, den allzu freien Bürger wieder in Gemeinschaften einzugliedern. Daß diese Befreiungsaktion im aufkeimenden Zeitalter der Alchemie und der Magie dazu führte, daß die Freimaurerei besonders im 18. Jahrhundert als Träger abergläubischer Meinungen fungierte, wurde noch dadurch begünstigt, daß die Bruderschaft zwar die humanitäre Grundidee offenlegte, das interne Ritual jedoch geheimhielt. So war es fast zwangsläufig, daß die Freimaurerei von Anfang des 19. Jahrhunderts bis zum heutigen Tage selbst zum Gegenstand des Aberglaubens wurde, da nach außen gelangte Details über das geheimnisvolle Ritual üblicherweise bis zur Unkenntlichkeit verzerrt wurden.

Freimaurerei international

Trotz aller Widrigkeiten hat sich der Männerbund als überaus stabil ewiesen, was hauptsächlich darauf zurückzuführen ist, daß die Logen zu allen Zeiten mit hochgestellten Persönlichkeiten des öffentlichen Lebens durchwachsen waren. In Anbetracht der unzähligen prominenten Mitglieder könnte man tatsächlich versucht sein, dieses Zentrum männlichen Machterhalts zum Motor des politischen und gesellschaftlichen Lebens der letzten 300 Jahre zu erklären – die Moskauer *Prawda* stufte so die Logen als Agententruppen des Imperialismus und Kapitalismus ein. Als augenfälligste Erscheinung freimaurerischen Geistes steht auch heute noch die amerikanische Unabhängigkeitserklärung aus dem Jahre 1776, deren Grundelemente sich konsequenterweise auch im Grundgesetz der Bundesrepublik Deutschland finden: Nicht nur der Verfasser der Erklärung, Thomas Jefferson, sondern auch 53 von 56 Unterzeichnern, 50 von 55 Mitarbeitern der konstituierenden Nationalversammlung, sämtliche Gouverneure der 13 Gründerstaaten, 20 von 29 Generälen George Washingtons sowie 104 seiner 106 Offiziere waren Freimaurer. Bis in die heutige Zeit stellen die rund vier Millionen Mitglieder amerikanischer Logen – moralisch gestützt durch öffentliche Demonstrationen ihrer Wohltätigkeit – einen bedeutsamen Faktor im gesellschaftlichen Leben dar. Aber auch im Mutterland Großbritannien pflegen heute rund 800 000 Logenbrüder den Fortbestand des alten Bundes – als Großmeister der *United Grand Lodge of Great Britain* amtieren überwiegend Mitglieder des königlichen Hauses. Während sich unter Logengegnern die Legende hartnäckig hält, daß der in angeblichen Ritualschnitten der Freimaurer geübte »Jack the Ripper« nur deshalb nie gefaßt wurde, weil der damalige Polizeichef ein Logenbruder war, sieht die Realität heute wie folgt aus: Über 60 Prozent der Polizeipräsidenten des Landes und knapp 20 Prozent der Polizeibeamten in Groß-London sind aktive Freimaurer. Daß es bei diesem ungesund hohen Anteil der Exekutive um weit mehr als harmlose Pfadfinderspiele geht, zeigt die Tatsache, daß sich auch in England insbesondere die sozialen Gruppen in Logen treffen, die aufgrund ihrer Stellung am anfälligsten für Korruption sind: Architekten, Beamte und Unternehmer. Versteht sich auch, daß mittlerweile von Labour-Abgeordneten ein öffentlich zugängliches Register sämtlicher Freimaurer in verantwortlichen Positionen gefordert wird – denn der Freimaurer-Eid ist dazu angetan, die Loyalität unter Logenbrüdern über jede andere Loyalität zu stellen.

Weltweites Aufsehen erregte im Jahre 1981 der sogenannte »P-2-Skandal« in Italien, der die 40. Nachkriegsregierung unter Ministerpräsident Forlani zum Sturz brachte: P2 steht als Kürzel für »Propaganda 2«, eine Geheimloge mit geschätzten 2500 Mitgliedern, mit im Bunde 180 Generäle, 150 Parlamentarier und Parteileute, 50 Industrielle und Bankiers, 10 Journalisten und Chefredakteure, 16 hohe Richter sowie circa 1500 bis heute namentlich nicht bekannte Mitglieder – angeführt von Großmeister Licio Gelli, einem Matratzenhändler und Waffenschieber aus Pistoia. Das Interessante bei dieser okkulten Bruderschaft, die ganz eindeutig gegen die italienische Demokratie operierte, sind vor allem die widersprüchlichen Statements der mit der Untersuchung Beauftragten beziehungsweise der mittelbar Betroffenen – der Freimaurer.

Von Tina Anselmi, der Präsidentin des parlamentarischen Untersuchungsausschusses, war nach 30monatiger Recherchenarbeit über den Skandal folgende Kernaussage zu hören:

- *Das politische Ziel der P2 war, bei formaler Beibehaltung des demokratischen Systems den Staatsapparat von innen zu kontrollieren.*
- *Damit politische Entscheidungen mitbestimmt werden konnten, saßen P-2-Mitglieder in allen Schlüsselpositionen.*

- *Für italienische und ausländische Geheimdienste war die Loge ein Instrument zur Durchsetzung eines politischen Konzepts.*
- *Es bestanden enge Kontakte zwischen der Loge und neofaschistischen Terroristen.*

Freimaurer Jürgen Holtorf verteidigt die Entgleisung der P2 in seinem Buch »Die verschwiegene Bruderschaft« (Heyne 1986) mit folgendem Dementi:

- *Bei der römischen Gruppierung P2 kann es sich nicht um eine reguläre und anerkannte Freimaurerloge handeln, da die absolute Abstinenz in politischen und konfessionellen Streitfragen Grundvoraussetzung für Regularität ist.*
- *Der selbsternannte Großmeister der irregulären Gruppierung P2, die er fälschlicherweise Freimaurerloge nannte, war bereits im Jahr 1976 aus dem Grande Oriente d'Italia (15 000 Mitglieder) ausgeschlossen worden.*

Daß dieser Vorfall dem Image der Bruderschaft nicht gerade dienlich war und den Verdacht derer schürte, die schon seit langem davon überzeugt sind, daß in Italien irgend jemand die Uhren anders laufen läßt, ist verständlich. Auch der Umstand, daß Großmeister Gelli im August 1983 aus dem schweizerischen Hochsicherheitsgefängnis von Champ-Dollon fliehen konnte, deutet auf mehr als nur eine entgleiste Splittergruppe nationaler Prägung. Details über die wundersame Verknüpfung von P2, internationaler Hochfinanz, Politik, Vatikan, Waffen- und Drogenhandel sowie Mord und Totschlag sind nachzulesen in David A. Yallops Report »Im Namen Gottes« (Knaur 1988).

Die Geschichte der deutschen Freimaurerei begann im Jahre 1737 mit der Gründung der »Loge d'Hambourg«, und damit die Verbindung zur Macht auch hier sichergestellt war, wurde im Jahre 1738 Friedrich der Große als 26jähriger Kronprinz in einer einzigen Nacht vom Lehrling über den Gesellen zum Meister erleuchtet. Durch die Unterteilung des heutigen Staatsgebiets in viele kleinere Länder hatten sich bis zum 2. Weltkrieg verschiedene freimaurerische Lehrarten festgesetzt, denen erst nach 1945 ein Neubeginn unter gemeinsamer Flagge gestattet war. Zwar versuchten sich einzelne Logen durch Umbenennung, eindeutige Symbolik und Arisierung des Rituals mit dem nationalsozialistischen Regime zu verbrüdern, doch alle Anstrengungen blieben erfolglos: Einhellig berichtet die überwiegend von Freimaurern geschriebene Geschichte der Bruderschaft von nationalsozialistischer Verfolgung, von gefahrvollen Zusammenkünften in Gasthaus-Hinterzimmern und Theaterkellern. Zwar schätzte Hitler die Freimaurerei lediglich als ungefährliche Vereinigung von Spießern ein, doch der mit der NS-Bewegung rivalisierende hierarchische Aufbau soll ihn zu dem Ausspruch bewogen haben: »Entweder wir oder die Freimaurer oder die Kirche. Aber niemals zwei nebeneinander.«

Mit dem Wiederaufbau der zerschlagenen Logen nach Kriegsende tat sich insbesondere Altgroßmeister Theodor Vogel hervor: Ihm gelang die Gründung der »Vereinigten Großlogen von Deutschland, Bruderschaft der Freimaurer (VGLvD)« mit heute rund 390 Logen – der auf 200 Millionen Mark bezifferte Verlust durch das NS-Regime wurde in langwierigen Wiedergutmachungsverfahren zum Teil zurückerstattet.

Beziehung zur katholischen Kirche

Mit mehr als einem Dutzend Verurteilungen versuchten die Päpste seit 1738, die Freimaurerei mit einem Bannfluch zu belegen, deren Mitglieder sie als Jünger des Bösen betrachteten. Erst in den späten sechziger Jahren dieses Jahrhunderts kam es zu einem offiziellen Dialog zwischen den um Humanität und Brüderlichkeit konkurrierenden Machtgefügen, 1980 wiederum erklärte die deutsche Bischofskonferenz jedoch die Zugehörigkeit zur Kirche für Freimaurer als unvereinbar, und erst in jüngster Vergangenheit wurde der Begriff »Freimaurer« aus dem offiziellen Kirchenrecht gestrichen.

Das bemerkenswert innige Verhältnis, das zwischen hohen Vertretern des Vatikans und der italienischen Skandal-Loge P2 bestand, sollte eigentlich im Widerspruch zu dieser Jahrhunderte lang gepflegten Feindschaft stehen. Doch die Berücksichtigung der im Vatikan verbreiteten panischen Angst vor dem Kommunismus könnte auch erklären, weshalb der jetzige Papst eine ganze Reihe von Freimaurern aus verschiedenen Logen offiziell in seinen Mauern duldet. Merkwürdiges und Widersprüchliches aus dem weströmischen Stadtstaat – ganz zu schweigen von der kirchlichen Hausloge »Opus Dei«: Rund 80 000 teils recht einflußreiche Mitglieder in 90 Ländern pflegen mit konspirativ-geheimbündlerischem Gehabe unter dem speziellen Segen des Papstes eine faschistoid-politische Philosophie.

Weltbild

Einen relativ guten Einblick in die freimaurerische Weltanschauung geben die »Freimaurerischen Grundsätze« der Großloge der Alten Freien und Angenommenen Maurer von Deutschland (GL A. F. u. A. M. v. D.), die mit über 200 Logen das bedeutendste Mitglied der Vereinigten Großlogen von Deutschland darstellt:

Art. 1. Die Großloge der Alten Freien und Angenommenen Maurer von Deutschland ist ein Zusammenschluß von Freimaurerlogen. In ihrer Bruderschaft lebt die Überlieferung früherer deutscher Großlogen fort.

Art. 2. (1) In den Mitgliedslogen der Großloge arbeiten Freimaurer, die in bruderschaftlichen Formen und durch überkommene rituelle Handlungen menschliche Vervollkommnung erstreben. In Achtung vor der Würde jedes Menschen treten sie ein für die freie Entfaltung der Persönlichkeit und für Brüderlichkeit, Toleranz und Hilfsbereitschaft und Erziehung hierzu.

(2) Glaubens-, Gewissens- und Denkfreiheit sind den Freimaurern höchstes Gut. Freie Meinungsäußerung im Rahmen der freimaurerischen Ordnung ist Voraussetzung freimaurerischer Arbeit.

Art. 3. (1) Die Freimaurer sind durch ihr gemeinsames Streben nach humanitärer Geisteshaltung miteinander verbunden; sie bilden keine Glaubensgemeinschaft.

(2) Sie sehen im Weltenbau, in allem Lebendigen und im sittlichen Bewußtsein des Menschen ein göttliches Wirken voll Weisheit, Stärke und Schönheit. Dieses alles verehren sie unter dem Sinnbild des Großen Baumeisters aller Welten.

Art. 4. (1) Die Freimaurer nehmen in ihrer Bruderschaft ohne Ansehen des religiösen Bekenntnisses, der Rasse, der Staatsangehörigkeit, der politischen Überzeugung und des Standes freie Männer von gutem Ruf als ordentliche Mitglieder auf, wenn sie sich verpflichten, für die Ziele der Freimaurer an sich selbst zu arbeiten und in den Gemeinschaften, in denen sie leben, zu wirken.

(2) Mit seiner Aufnahme schließt der Freimaurer mit seinen Brüdern einen Bund fürs ganze Leben.

Art. 5. Die Großloge und ihre Mitgliedslogen nehmen in konfessionellen oder parteipolitischen Auseinandersetzungen nicht Stellung.

Wer wollte bei diesen edlen Regeln nicht aufspringen, sich ein Antragsformular besorgen und schleunigst Mitglied in dieser untadeligen Bruderschaft werden? Kein Wunder allein bei Betrachtung nur dieser Ordnung, daß sich die katholische Kirche seit Beginn der Bewegung querstellt, wenn es um freimaurerisches Gedankengut geht – eine Konkurrenz zum Sendungsmonopol der Kirche ist nicht von der Hand zu weisen. Wie rabulistisch noch im April 1980 die Deutsche Bischofskonferenz nach sechsjähriger Untersuchung die Freimaurerei verurteilte, kann sehr eindrucksvoll in »Die verschwiegene Bruderschaft« von Jürgen Holtorf (Heyne 1986) nachgelesen werden. Zwar werden in dieser Erklärung gewisse Berührungspunkte hinsichtlich des humanitären Anliegens, der Wohltätigkeit, des Symbolverständnisses und sogar des gemeinsamen Kampfes gegen den Materialismus (sic!) positiv verstanden, doch erhebliche Barrieren sah die katholische Kirche unter anderem in den folgenden Punkten:

- *Weltanschauung zu subjektiv*
- *Wahrheitsbegriff zu undogmatisch*
- *Religionsbegriff zu relativistisch*
- *Gottesbegriff und Offenbarung nicht definiert*
- *Toleranzidee erschüttert die Glaubenstreue*
- *Ritualhandlungen zu sakramentsähnlich*
- *Vervollkommnung des Menschen verabsolutiert*
- *Spiritualität zu totalitär*

Genug der Haarspaltereien und noch einmal zurück zu den bereits aufgeführten Freimaurerischen Grundsätzen: Die in diesen fünf Artikeln versammelten Ansprüche sind hoch – vielleicht zu hoch für einen gewöhnlichen Sterblichen. Streben nach menschlicher Vervollkommnung ist wohl ein heimlicher Wunsch vieler Zeitgenossen, doch ein ganzes Leben lang, ständig kontrolliert durch eine gestrenge Loge? Vielleicht erklärt sich allein aus diesem banalen Umstand die fast 300 Jahre alte Scheu, mit der Nichtmitglieder dieser Bruderschaft begegnen. Strebt einer nach Geld, nach einem harmonischen Familienleben oder auch nur nach einem Sportwagen, so stößt dieses Ansinnen auf breites Verständnis. Die überwiegend humanitäre und ethische Tendenz in der Weltanschauung der Freimaurer dagegen, deren Vorstellungsrahmen noch dazu mit eigener persönlicher Auffassung ausgefüllt werden kann, mag des Guten zu viel sein. Ist dieses Weltbild dann noch dazu mit mehr oder weniger geheimen Ritualen verbunden, ist leicht nachzuvollziehen, daß ein solches Humanitätsideal nicht nur auf die Kirche ausgesprochen suspekt wirkt.

Insbesondere weibliche Kritiker der Freimaurerei sehen in dem Umstand, daß Frauen in diesen Bund keinen Einlaß finden, einen auffälligen Widerspruch zwischen Theorie und Praxis. Wie sich Elke Müller-Mees in »Was heißt schon Männersache« (Ariston 1989) zu dieser speziellen Thematik äußert, zeigt das folgende Zitat (Seite 261):

»Sah man früher ›das Weib vornehmlich als Geschlechtswesen an‹, wie Freimaurer Ernst Nitsche meint, ist sie heute für Brüder und Freunde Dame. Doch wer Frauen nur als ›Damen‹, ›Rosen‹ oder ›Rosenflor‹ bezeichnet, wer Frauen nichts anderes als Damenreden hält und Damenprogramme bietet, wer Frauen die Hand küßt oder sich von ihnen als Musen küssen läßt, verkennt, daß er durch Ästhetisierung den inhumanen Zug einer Frauenverachtung kaschiert. Wer sich auf die naturgegebene oder kosmische Polarität beruft, benutzt diese Ideologie zwecks Machterhalt wie schon die Wildbeuter der Steinzeit.«

Hierzu sei bemerkt, daß sich immerhin die Überzahl der angesprochenen Frauen diese Behandlung charmant lächelnd gefallen läßt und vielleicht sogar genießt. Andere Frauen wiederum, denen der Sinn nicht nach Damenprogrammen, sondern nach Bereichen steht, in denen sich männliche Macht deutlicher auswirkt, haben sich beispielsweise als Politikerinnen oder auch Terroristinnen einen Namen gemacht, so daß die angesprochene Quotenregelung als selbst gewählt betrachtet werden darf. Unter anderem – vor allem in diesem Zusammenhang – beweint die Autorin übrigens auch, daß es bisher ausschließlich Männern vergönnt war, als berühmte Köche zu Publizität zu gelangen: Der Verdacht liegt nahe, daß das genannte, im übrigen kurzweilige Buch aus kommerziellen Gründen als sogenanntes, gut verkäufliches »Frauenbuch« konzipiert wurde.

Daß sich Freimaurer unter Ausschluß des weiblichen Geschlechts versammeln, mag vielleicht noch andere Gründe haben als die von vielen vermutete Einkapselung zu Zwecken übermäßigen Alkoholgenusses. Wohl jeder kann bestätigen, daß sich die Mehrzahl aller Männer wie auch die Mehrzahl aller Frauen, denen die Lust am Balzen noch nicht vergangen ist, bei gemischtgeschlechtlichen Veranstaltungen auffällig verhalten. Ein ziemlich normaler Vorgang, der jedoch in extremen Situationen, wie beispielsweise auf hoher See oder in Goldgräbercamps, fatale Auswüchse erfahren kann. Unabgelenkt durch hormonelle Beeinflussung also können die Mitglieder von reinen Männerbünden ihren jeweiligen Interessen nachgehen – eine Einrichtung, die vielmehr von Vernunft als von männlicher Machtmonopolisierung spricht. Zudem stehen interessierten Frauen längst ausgesprochen anspruchsvolle Frauenbünde offen, die gewiß nicht aus dem niedrigen Motiv entstanden sind, den Männern »eins auszuwischen«.

Doch weit tiefer gehende Unterschiede zwischen Theorie und Praxis könnten sich eröffnen, wenn man die vorhingenannten Freimaurerischen Grundsätze unter den Begriff »Ethik« subsumiert. Als Sittenlehre oder praktische Philosophie dient die Ethik nicht nur der Weckung des Wertbewußtseins, sondern fordert vom Menschen die Anpassung des alltäglichen Lebens an die gefundene Moral. Nun stellt sich die Frage, ob es tatsächlich ethisches Verhalten fördert, wenn es sich wie bei der freimaurerischen Ethik um eine reine, auf bloß positiven Geboten beruhende Moraltheologie handelt. Des weiteren könnten die Abgeschlossenheit der Bewegung und der konsequent lebenslänglich geschlossene Bund als ausgesprochen egoistisch betrachtet werden – von Verschenken geistigen Besitzes als ethischer Spezialwert kann hier nicht die Rede sein. Zwar hätte der sogenannte moderne Mensch mit seinem abgestumpften Leben voller Hast mehr als nur einen Schnellkurs in Sachen Wertbewußtsein nötig, doch es ist nur schwer faßbar, weshalb sich diese Erziehung nur hinter verschlossenen Mauern und unter Zuhilfenahme Jahrhunderte alter Rituale vollziehen lassen soll. Auch bei der Betrachtung des Begriffs Humanismus könnte die freimaurerische Bewegung ganz und gar auf dem falschen Pfad wandeln. Diese Anschauung, nach der der Mensch Mittelpunkt der Welt und Zweck des Weltgeschehens ist, hat nämlich natürliche Feinde – zum Beispiel Institutionen, die den Menschen sich selbst entfremden lassen, indem sie ihn übermenschlichen Mächten und Wahrheiten unterwerfen. Die auf den ersten Blick so angenehm empfundene Weltanschauung der Freimaurer als die Form überschätzende und darüber den Inhalt vernachlässigende Falle? Doch wem nutzt es, außer den erleuchteten Meistern, die es wie jeden König nur durch die Anbetung ihrer Untertanen auf dem Thron hält?

Als Fazit könnte stehen, daß das freimaurerische Weltbild zwar eine feine Sache ist, doch unter Umständen auch außerhalb der Logen gepflegt werden könnte. Als Anleitung zu dieser Spielart ethischer Freiheit sei auf die von Platon aufgestellten Kardinaltugenden verwiesen, die da heißen: Weisheit, Tapferkeit, Besonnenheit und Gerechtigkeit – angereichert um die Grundtugenden der christlichen Philosophie, nämlich Glaube, Liebe und Hoffnung, steht somit ein Instrumentarium zur Verfügung, das auch auf der Straße gespielt werden darf.

Statuten

I. Von Gott und der Religion
II. Von der bürgerlichen Obrigkeit, der höchsten und der untergeordneten
III. Von den Logen
IV. Von den Meistern, Aufsehern, Gesellen und Lehrlingen
V. Von dem Verhalten der Zunft bei der Arbeit
VI. Von dem Betragen
1. Betragen in der Loge, wenn sie geöffnet ist
2. Betragen, wenn die Loge vorüber ist, die Brüder aber noch nicht auseinandergegangen sind
3. Betragen, wenn Brüder zusammenkommen, ohne daß Fremde zugegen sind, doch nicht in einer förmlichen Loge
4. Betragen in Gegenwart von Fremden, welche nicht Maurer sind
5. Betragen zu Hause und in Eurer Nachbarschaft
6. Betragen gegen einen fremden Bruder

So die Hauptstücke der »Alten Pflichten« von 1723, die bis zum heutigen Tag für jeden Freimaurer gültigen Regeln. Die bedeutsamen ersten beiden Hauptstücke »Von Gott und der Religion« sowie »Von der bürgerlichen Obrigkeit, der höchsten und der untergeordneten« haben dabei folgenden Inhalt:

»Der Maurer ist durch seinen Beruf verbunden, dem Sittengesetz zu gehorchen, und wenn er seine Kunst recht versteht, wird er weder ein dummer Gottesleugner noch ein Wüstling ohne Religion sein.

Aber obwohl in alten Zeiten die Maurer verpflichtet waren, in jedem Lande von der jedesmaligen Religion des Landes oder der Nation der sein, so hält man es doch jetzt für ratsam, sie bloß zu der Religion zu verpflichten, in welcher alle Menschen übereinstimmen, und jedem seine besondere

Meinung zu lassen, das heißt, sie sollen gute und wahrhafte Männer sein, Männer von Ehre und Rechtschaffenheit, durch was für Sekten und Glaubensmeinungen sie auch sonst sich unterscheiden mögen. Hierdurch wird die Maurerei ein Mittelpunkt der Vereinigung und ein Mittel, treue Freundschaft unter Personen zu stiften, welche sonst in ständiger Entfernung voneinander hätten bleiben müssen.«

»Der Maurer ist ein friedfertiger Untertan der bürgerlichen Gewalt, wo er auch wohnet und arbeitet, und muß sich nie in Meuterei oder Verschwörung gegen den Frieden und die Wohlfahrt der Nation einlassen noch sich pflichtwidrig gegen die Unterobrigkeit betragen.

Denn gleich wie Krieg, Blutvergießen und Verwirrung der Maurerei immer nachteilig gewesen sind, so waren auch vor alters Könige und Fürsten sehr geneigt, die Zunftgenossen ihrer Friedfertigkeit und Treue wegen, wodurch sie den bösen Leumund ihrer Gegner mit der Tat widerlegten, aufzumuntern und die Ehre der Brüderschaft zu fördern, welche immer in Friedenszeiten blühte.«

Daß die Freimaurerei trotz dieser hehren Regeln im Laufe ihres Bestehens immer wieder zum Gegenstand des Aberglaubens wurde, mag tatsächlich daran liegen, daß in die Rituale der 33 Grade umfassenden Hierarchie – ausgenommen sind die ersten drei Grade der sogenannten Johannismaurerei – kein Einblick gewährt wird. Was nach diesen drei Erkenntnisstufen (»Der Lehrling schaue in sich, der Geselle schaue um sich, der Meister schaue über sich«) auf die sogenannten Hochgrade zukommt, mag zwar über die mit »normaler« Freimaurersymbolik angereicherten Zeremonien hinausgehen, doch daß an der Spitze der Bruderschaft der Teufel stehen solle, mag bezweifelt werden. Nicht zur allgemeinen Belustigung, sondern zur Information stehen die nachstehenden, aus den verschiedensten Quellen stammenden, stichwortartig wiedergegebenen »Volkswahrheiten« über die geheimnisvolle Bruderschaft, die sich in ihrer Lichtlosigkeit kaum übertreffen lassen:

- *heimliche Beobachtung von Aufzunehmenden, ob er wohltätig ist;*
- *der Neuling wird mit verbundenen Augen im geschlossenen Wagen abgeholt;*
- *die Abstimmung über die Aufnahme erfolgt durch Würfeln;*
- *er muß mit dem Teufel im Sarg liegen und Regenwürmer essen;*
- *der Verschwiegenheitseid beinhaltet, sich nach gewisser Zeit das Leben zu nehmen;*
- *wer die Freimaurer belauschen will, dem geht es schlecht; sie merken es sofort;*
- *wer ihnen beim Schreiben zusieht, erblindet;*
- *Eindringlinge werden abgemurkst;*
- *um den Schuldigen zu finden, hält jeder einen Zettel an die heilige Kerze; der ist es, dessen Zettel nicht brennt;*
- *das in der Loge aufgehängte Bild des Freimaurers wackelt, wenn er etwas verrät; reut ihn der Bund, schwitzt er;*
- *der Abgebildete stirbt in dem Augenblick, in dem der Meister in sein Bild sticht;*
- *anstatt ins Bild kann man auch in ein Herz-As stechen, in das man den Namen schneidet;*
- *sie beten nur vor einem jüdischen Sarg;*
- *sie erkennen den Teufel als obersten Herrn an;*
- *der alte Fritz schrieb seinen Eid mit Hundeblut und konnte deshalb nicht durch den Bildzauber getötet werden;*
- *der Teufel hilft dem Freimaurer nur dreimal;*
- *nach dem 8. Eid ist es unmöglich, vom Teufel loszukommen;*
- *sie haben Male, an denen sie sich erkennen;*
- *sie erkennen sich am Gruß, am Händedruck, am Türenschließen, am Halten von Messer und Gabel, am Zutrinken und am Hüteschwenken;*
- *bei den Zusammenkünften wird gehämmert und Gold gemacht;*
- *man hört sie singen, marschieren, sich haschen und Stühle rücken;*
- *sie müssen alle Jahre bauen, und wenn sie nur einen Nagel einschlagen, sonst brennt ihnen etwas ab;*

- *sie haben eine geheime Sprache und eine geheime Schrift mit der linken Hand;*
- *sie haben in Venedig eine schwarze Zauberschule;*
- *sie zeigen keinen Schatten, oder ein zweiter Schatten begleitet sie;*
- *sie besitzen das Lebenselexier;*
- *sie können Regen und andere krank machen sowie das Vieh des Feindes töten;*
- *sie werden reich, weil sie jeden Abend Geld unter dem Kopfkissen finden;*
- *wer plötzlich stirbt, wird für einen Freimaurer gehalten;*
- *sie sterben nie im Bett, sondern sitzend oder stehend;*
- *die Pferde können seinen Sarg nicht ziehen.*

Abrundend zu dieser Aufzählung abstrusen Volksglaubens sei noch angeführt, daß der Begriff Freimaurer im Prager Ghetto für jemand üblich war, der sich an halbwüchsigen Mädchen zu vergehen pflegte, aber durch vertrauliche Beziehung zur Polizei vor jeder Strafe sicher war.

Verständlich, daß durch solche Schauergeschichten der Ruf dieser eigentlich mit ehrwürdigen Motiven ausgestatteten Bruderschaft arg zu leiden hatte. Wie viel von dieser Verunglimpfung von katholischer Seite stammt, mag in den geheimen Archiven des Vatikans unter Staub vergraben werden – auffällig allein ist in fast allen Texten der immer wiederkehrende teuflische Pakt, bei dem unter anderem »dem Christentum oder Gott abgeschworen und das Kreuz mit Füßen getreten werden muß«. Die Absicht ist nicht zu übersehen; so ist es auch nicht weiter verwunderlich, wenn manche Priester auch heute noch davor zaudern sollen, einem Freimaurer ein christliches Begräbnis zu bescheren.

Weniger ehrwürdig dagegen ist ein Aufnahmekriterium, das so alt ist wie die »Alten Pflichten«: Nur großjährige, freie Männer mit körperlicher Unversehrtheit werden als Mitglieder akzeptiert. Im

Klartext heißt das, daß neben Frauen auch Behinderte und in manchen Logen auch Farbige unwillkommen sind. Hier fällt der ansonsten in sich geschlossene Toleranzgedanke wie ein Kartenhaus zusammen, und sogar Spendenaktionen für Behinderte und andere Hilfsbedürftige werden hiermit zur Farce. Der Gedanke könnte sich aufdrängen, daß der vielgepriesene Humanismus nicht viel mehr wert ist als das hellblaue Papier, auf dem freimaurerische Ideale bevorzugt gedruckt werden.

Mitgliederstruktur

»Berufsmäßig dürften sich in den Logen alle Berufsschichten finden, weitaus am meisten aber die kaufmännischen und die freien Berufe. Presseleute sind stark vertreten, bei den Politikern ist die Zahl wegen deren Vielbeschäftigung stark zurückgegangen« – so eine aktuelle Auskunft auf die Frage nach der Mitgliederstruktur. Daß gerade Kaufleute, freie Berufe und Presseleute ohne Beziehungen nur notdürftig existieren können, kann natürlich nicht als Indiz für einen wirtschaftlichen Interessenklüngel verwendet werden, doch sollte der starke Anteil an Presseleuten bedenklich stimmen, da die breite Bevölkerung noch immer gerne glaubt, was gedruckt wird.
Von welcher illustren Zusammensetzung die Freimaurerei in der Vergangenheit war, zeigt die folgende Übersicht von prominenten Mitgliedern, an denen in der heutigen Zeit ein offensichtlicher Mangel herrscht:

Aldrin, Edwin
Apel, Rainer
Atatürk, Mustafa
  Kemal Pascha
Bach, Johann Christian
Belstead, Lord
Blücher, Feldmarschall von
Bolivar, Simon
Börner, Holger
Braun, Alfred

Brehm, Alfred
Brundage, Avery
Bürger, Gottfried August
Byrd, Richard E.
Cagliostro, Alexander Graf von
Campe, Joachim Heinrich
Casanova, Giacomo
Chamisso, Adelbert von
Churchill, Sir Winston
Claudius, Matthias
Cole, Nat King
Dahlgrün, Rolf
Dehler, Thomas
Dickens, Charles
Diderot, Denis
Doyle, Sir Arthur Conan
Dulles, John Foster
Ekhoff, Konrad
Ellington, Duke
Fairbanks, Douglas
Fichte, Johann Gottlieb
Fleming, Sir Alexander
Ford, Gerald R.
Ford, Henry
Franklin, Benjamin
Friedrich II.
Friedrich III.
Gable, Clark
Garibaldi, Giuseppe
Georg VI.
Gide, André
Glenn, John
Goethe, Johann Wolfgang von
Grimm, Gebrüder
Hahnemann, Samuel Christian
Hardy, Oliver
Haydn, Joseph
Heine, Heinrich
Heinemann, Gustav
Herder, Johann Gottfried von
Herter, Christian
Hoffmann, Heinrich
Hoover, John Edgar
Hufeland, Christoph Wilhelm
Humboldt, Alexander von
Kästner, Erich
Kent, Herzog von
Klopstock, Friedrich Gottlieb
Knigge, Adolf von
Langenscheidt, Johann Ludwig Gustav
Lessing, Gotthold Ephraim
Leuschner, Wilhelm
Lindbergh, Charles
Listz, Franz
Luckner, Felix Graf von
Mayer, Louis B.
Mayo, Gebrüder
Meier, Reinhold
Montesquieu, Charles Baron de
Mozart, Wolfgang Amadeus
Muliar, Fritz
Ossietzky, Carl von
Peary, Robert E.
Philipp, Prinz
Pölnitz, Ludwig-Peter Freiherr von
Puschkin, Alexander
Reclam, Anton Philipp
Roosevelt, Franklin D.
Roosevelt, Theodore
Salcha, Erich
Scharnhorst, Gerhard David von
Schenkendorf, Max von
Schliemann, Heinrich

Schröder, Friedrich Ludwig
Scott, Robert F.
Sibelius, Jean
Sinowatz, Fred
Springer, Axel
Stein, Freiherr vom
Stendhal (Pseudonym für Beyle, Henri)
Stresemann, Gustav
Truman, Harry S.
Tucholsky, Kurt
Twain, Mark
Voltaire, Arouet
Wagner, Leopold
Washington, George
Wayne, John
Wieland, Christoph Martin
Wilde, Oscar
Wilhelm I.

Kleines Freimaurer-Lexikon

Abzeichen: Für alle Grade gleiches, logenspezifisches Ansteckzeichen.

Akazienzweig: Symbol der Meisterschaft.

Anrede: Als mündliche und schriftliche Titulierung sind z.B. gebräuchlich: gerechte und vollkommene Loge, würdige und geliebte Brüder, mein lieber Bruder, ehrwürdiger Meister vom Stuhl, sehr ehrwürdiger Großmeister, höchstleuchtender Landesgroßmeister usw.

Aufnahme: Lichterteilung oder Lehrlingsritual, bei dem der Aufgenommene Schurz, Handschuhe und Abzeichen überreicht bekommt (ein zweites Paar weiße Handschuhe erhält er für seine Lebensgefährtin).

Beamte: Beamte bilden den jeweiligen Logenvorstand (Meister vom Stuhl und Stellvertreter, 1. Aufseher zur Beaufsichtigung der Gesellen, 2. Aufseher zur Beaufsichtigung der Lehrlinge, Schreiber,

Redner, Schatzmeister, Zeremonienmeister, Archivar, Almosenpfleger, Musikmeister).

Deckung: Austrittsverfahren aus einer Loge.

Erkennungszeichen: Gradspezifisch vermittelte und der Schweigepflicht unterworfene Gesten (Wort, Griff, Zeichen, Schritte und Notzeichen).

Ewiger Osten: Tote sind in den ewigen Osten eingekehrt.

Gelöbnis: Versprechen, über Erkennungszeichen und Einweihungsrituale zu schweigen.

Geselle: Mittlerer Grad der Johannismaurerei.

Grad: Belehrungsstufen, nach dem Schottischen Ritus 33 Grade (Johannismaurerei 1.–3., Andreasmaurerei 4.–14., Kapitelgrade 15.–18., Areopag 19.–30., Tribunal 31., Hoher Rat 32., Oberster Rat 33.).

Großer Baumeister aller Welten: Begriff für das Göttliche.

Großmeister: Verbandspräsident einer Großloge.

Großorient: Großloge.

Hammer: Symbol der Befugnis für den Meister vom Stuhl und die Aufseher (der Spitzhammer steht als Symbol der Arbeit an sich selbst).

Handschuhe: Symbol des reinen Fühlens und Handelns.

Hexagramm: Symbol des Universums.

Kelle: Symbol der Brüderlichkeit.

Kleidung: In der Loge trägt man einen dunklen Anzug mit Silberkrawatte, zusätzlich Schurz, Handschuhe und Abzeichen.

Kugelung: Abstimmungsverfahren über die Zulassung eines Antragstellers mit Hilfe von weißen und schwarzen Kugeln.

Lehrling: Unterster Grad der Johannismaurerei.

Lorbeerkranz: Symbol der Ehre, aber auch der Ehrsucht.

Lot: Symbol der Wahrheit.

Meister: Höchster Grad der Johannismaurerei – sieben Meister können eine neue Loge gründen.

Mörtel: Symbol der Nächstenliebe.

Reisen: Weg vom Dunkel zum Licht.

Schurz: Symbol der Arbeit.

Spiegel: Symbol der Erkenntnis eigener Mängel.

Stein: Symbol für den Freimaurer.

Tempel: Ritueller, mit den entsprechenden Requisiten ausgestatteter, rechteckiger Raum im Logenhaus.

Wasserwaage: Symbol der Gleichheit aller Menschen.

Winkelmaß: Symbol des moralischen Gesetzes.

Zirkel: Symbol der Verbindung der Menschen untereinander.

Zollstab: Symbol für das richtige Maß aller Dinge.

Gralsbruderschaft

Europäische Mystik per Fernlehrgang – so zeigt sich der Orden vom Goldenen Gral, der sich selbst als Nachfolgeorganisation der alten Gralsritterschaft bezeichnet. Mit exklusiven Clubs mag dies auf den ersten Blick wenig zu tun haben, doch da sich der fortgeschrittene Student mit höherer Meistergrade mit internen Verwaltungsaufgaben befassen und an regelmäßigen Treffen teilnehmen darf, soll diese Vereinigung kurz präsentiert werden.

Wem die Gralslegende nur ein vager Begriff ist, sei daran erinnert, daß es sich bei dem Gral um eine wundertätige Schüssel handelt, in der Joseph von Arimathia das Blut Christi aufgefangen haben soll. Die Gralssage wurde zunächst in Frankreich (Chrétien de Troyes, 1190) dichterisch behandelt, im deutschen Sprachraum schrieb Wolfram von Eschenbach in Versen über dieses Thema: Monsalvatsch heißt die Gralsburg, in der die Schüssel aufbewahrt wird, und Parzival ist der Name des Sagenhelden aus dem bretonischen Artus-Kreis – er wurde zum Idealbild des christlichen Ritters.

Natürlich haben auch andere, wie beispielsweise der Psychiater Carl Gustav Jung, zur umfangreichen Literatur über die Gralssage beigetragen, doch das Geheimnis über den Gral, seine Hüter und seine Ritter wurde nie richtig aufgedeckt; fest steht allein die Mystik, die sich um diese Legende gerankt hat – und daß der Orden vom Goldenen Gral alte und neue Philosophie per Fernkurs verkauft.

Ziele

Arbeit und Ziele der Bruderschaft sind in der Präambel zu deren Satzung kurz umrissen:

I. *Die Mitglieder des Ordens vom Goldenen Gral O. G.A. betrachten sich als Bruderschaft und ihren Bund als Bruderbund. Sie sehen in allen Menschen im Sinne der Christusworte Kinder Gottes und damit Brüder und Schwestern. Im Wissen darum, daß die Welt dies oft verkennt, erachten sie es als ihre Pflicht, brüderliche Gesinnung untereinander und gegenüber ihren Mitmenschen zu praktizieren.*

II. *Die Bruderschaft ist eine Verbindung von Männern, Frauen und Familien, die als Erben der Gralstradition ihre Bräuche von klassischen und christlichen Mysterienbünden herleiten, welche das höchste geistige Prinzip, aus dem alle Schöpfung hervorgegangen ist, im eigenen Wesen als Teil des Ganzen erkennen, in der Gralssymbolik dem Verstand zugänglich machen und im Leben, durch gemeinsame brüderliche Lebensart als Ehrenkodex, höhere seelische Werte anstreben.*

III. *Ziel und Zweck der Bruderschaft ist die Erziehung seiner Mitglieder zu wahrem Menschentum und zu gefestigten, eigenständigen und selbstbewußten Persönlichkeiten.*
Dies wird angestrebt durch gründliche Ausbildung in der Mysterienschule, durch stufenweise Initiationen, Pflege von Idealen, Anregungen zu Freundschaft und brüderlicher Liebe, Ansporn zu sozialer Gesinnung und Pflege der Wohltätigkeit.

IV. *Die Bruderschaft pflegt die christliche esoterische Tradition. Geistes-, Glaubens- und Gewissensfreiheit gelten als Grundsätze. Sie achtet das ehrliche Bekenntnis aller Menschen und wendet sich gegen jeden Zwang und gegen Verfolgung Andersdenkender.*

V. *Die Bruderschaft pflegt die Werte der christlichen europäischen Kultur, tritt ein für die Wahrung der Menschenrechte und für die Erhal-*

tung der Freiheit und des inneren Friedens der Nationen und ihrer Volksgruppen. Sie mischt sich nicht in konfessionelle oder parteipolitische Auseinandersetzungen, trägt aber bei zu individueller, gefestigter Meinungsbildung durch Meinungsaustausch und Belehrung.

VI. Männer und Frauen und ihre Familien werden ohne Unterschied von Bekenntnis, Rasse, Stand, politischer Partei oder Nationalität in die Bruderschaft aufgenommen. Es wird vorausgesetzt, daß sie sich ohne Drängen von seiten anderer, aus freiem Willen und Überzeugung, im Streben nach höheren Werten dem Bunde anschließen wollen.

VII. Die Mitglieder verpflichten sich, die Gesetze der Bruderschaft treu zu befolgen, die Ehre und Integrität ihrer Mitbrüder und Mitschwestern sowie des Bundes jederzeit zu wahren und zu verteidigen und dessen Ziele nach Kräften zu fördern.
Wenn es ihr Gewissen oder ihre Verhältnisse erfordern, steht ihnen der Austritt aus der Bruderschaft frei.

Im Grunde genommen sind diese Ziele nicht neu – genaugenommen finden sie sich in eventuell leicht abgeänderter Form bei fast allen anderen Vereinigungen und Bünden wieder. Abweichend von den meisten anderen Zirkeln ist jedoch, daß keine Verpflichtung zu regelmäßigen Treffen besteht, sondern daß man seine Mitgliedschaft im stillen Kämmerlein pflegen darf.

In Heimarbeit zum Meister

Wenn ein Suchender an die Pforten klopft (dies geschieht heute symbolisch durch das Unterzeichnen eines Beitrittsgesuches, aus dem hervorgeht, daß eigener, freier Wille dazu veranlaßt), wird dieses geprüft, und wenn keine wichtigen Gründe dagegen sprechen, erhält der Gesuchsteller oder die Gesuchstellerin das Mitgliedszertifikat, das die Mitgliedschaft in der Mysterienschule bestätigt. Mit diesem Zertifikat werden auch die Satzungen der Großkomturei dem neuen Mitglied überreicht. Durch die Begleichung eines bescheidenen Mitgliederbeitrages gibt dann das Mitglied sein definitives Einverständnis.

Von diesem Tag an bekommt das neue Mitglied jeden Monat regelmäßig die Gralsbriefe mit der Post zugestellt.«

Das Tor zur Bruderschaft ist also das nächste Postamt und der häusliche Briefkasten. Es wurde vom Verfasser nicht nachgeprüft, ob dieser Bund nur durch den einseitigen Versand von Lehrbriefen erfolgt – doch darf vermutet werden, daß der Aufstieg zu höheren Graden mit der Erstellung von mystisch gepuderten Aufsätzen begleitet werden soll, anhand deren die Ordensleitung den weiteren Verwendungszweck der Brüder und Schwestern abcheckt.

Der vorgezeichnete Weg zum Meister läuft dabei wie folgt ab: Nach kurzer Einführungszeit werden schriftliche Anweisungen für die erste rituelle Einweihung in den eigenen vier Wänden erteilt, wonach sich das Mitglied auch leiblich einer Regionalgruppe Gleichgesinnter anschließen darf.

Nach Absolvierung von drei Anfängergraden (Tiro-Grade) wird der neue Gralshüter Geselle (Famulus) – eine Einweihung, die üblicherweise in einem vorgängigen Seminar vorbereitet wird.

»Diese Initiation ist mit anderen Eindrücken, Festen oder Erlebnissen nicht vergleichbar. Sie hinterläßt ein tiefgreifendes Glücksgefühl, innere Sicherheit und Kraft, die nicht beschreibbar sind. Das Leben wird davon im positiven Sinne des Initiaten nachhaltig beeinflußt.«

So wirbt eine Informationsbroschüre der Bruderschaft, dieser ersten großen Weihe beizuwohnen, die auch zur Aufnahme in den entsprechenden Arbeitsgrad in der Verwaltung qualifiziert. Nach dem Studium als Famulus tritt der Studierende schließlich der Runde der Meister bei: Er wird zum »Magister der Mystischen Künste«.

Mysterienschule

»Die Mysterienschule erweist sich als Lebensschule von höchster Effektivität, die zu Sicherheit aus Wissen, Durchsetzungskraft aus innerer Überzeugung und zu Wohlstand aus dem Adel der Gesinnung führt.«

Solches verspricht die Bruderschaft bei eifrigem Studium der Lehrbriefe. Kurzum, es geht um das, was jede Kirche, jede humanitäre Vereinigung und jede philosophische Schule auch zu predigen und missionieren versucht: um die Suche nach dem Sinn des Lebens, um eine lebenswerte und menschenwürdige Gesellschaft und um das Erkennen des göttlichen Funkens.

Geführt wird der Lehrling auf diesem Pfad zum Ursprung des Seins durch die Gralsphilosophie: ein einfaches und somit für jedermann nachvollziehbares Denkmodell, das aus der traditionellen abendländischen Mystik stammt. Warum auch nicht, könnte der wohlwollende Leser bemerken, denn in der Tat hat nicht nur die heute so modern gewordene, aus fernen Kontinenten importierte Mystik ihren Platz, sondern auch die Säulen europäischen Geisteslebens, wie beispielsweise die antike Mystik, die klassische Philosophie und das Christentum, können dem Wankenden den Halt geben, nach dem er bisher vergeblich gesucht hat.

Einladung

»Initiationen auf dieser Erde werden ausschließlich im Schoße von autorisierten Bruderschaften vorbereitet und durchgeführt. Im Gegensatz zu hartnäckigen Behauptungen in der Literatur gibt und gab es keinen Eingeweihten, der seine Weihe und Weisheit außerhalb von autorisierten Bruderschaften erhalten hätte, und das war immer so. Wer das Gegenteil behauptet, beweist nur seine Unkenntnis der Wirklichkeit.«

Unter diesem Motto werden Interessierte vom Orden vom Goldenen Gral eingeladen, Mitglied der Bruderschaft zu werden, wofür ein Anmeldungs-Fragebogen ausgefüllt werden muß. Neben Personalien, Konfession, Beruf und Sprachkenntnissen wird vorsichtig abgetastet, ob sich der Anmelder bereits mit Philosophie, Psychologie oder Mystik befaßt hat, bevor unter anderem die Frage gestellt wird: »Glauben Sie an ein höheres Wesen?« Und nachdem die Bruderschaft auch materielle Mittel für das Porto der Lehrbriefe usw. benötigt, wird erwartet, »daß jedes Mitglied seinen Beitrag in Form eines bescheidenen Mitgliederbeitrages leistet«: 40 Euro Aufnahmegebühr und 300 Euro Studiengebühr (Partner erhalten 50% Rabatt) – das ist ein Vielfaches der grob geschätzten Portokosten für die Postsendungen innerhalb eines Jahres. Daß sie ihr Geld wert sein sollen, verspricht ein Gelübde, das der Anmelder zu unterschreiben hat:

»Ich gelobe, alles, was mir in schriftlicher oder mündlicher Form, insbesondere in Ritualen, Initiationen und auf geistigem Wege, vom Orden anvertraut wird, zu schützen und nie Drittpersonen preiszugeben, solange ich nicht vom Orden eine andere Anweisung erhalte …«

Nun, als Fazit wäre zu dieser Bruderschaft zu bemerken, daß man für die 340 Euro Aufnahme- und Studiengebühr einige dicke und sicherlich auch gehaltvolle Bücher erwerben kann, die den Interessierten in die abendländische Mystik einführen können. Wer allerdings nur unter mehr oder weniger sanftem Druck zur Formung des Geistes und des Wissens imstande ist, für den könnte sich ein Erklimmen der Meistergrade durchaus positiv auswirken – vorausgesetzt natürlich das innere Rückgrat, eventuell mitspielende sektiererische Elemente der geheimnisvollen Bruderschaft zu ignorieren.

Internationaler Club von Hannover

Freundeskreis internationaler Begegnungen

In der Zeit der Bürokratisierung und der Vermassung wird es privaten Gruppen und erst recht dem einzelnen oft schwergemacht, sich auf seriöse und zugleich professionelle Art den Zielen internationaler Verständigung zu widmen. Doch meist sind es gerade diese scheinbar Einflußlosen, die in freier Furchtlosigkeit diesbezügliche Gedanken und Ideen aussprechen oder um ihre Verwirklichung ringen und somit die im Aussterben begriffene Menschlichkeit lebendig erhalten.

Der Internationale Club von Hannover zählt seit mehreren Jahrzehnten zu diesen raren Institutionen, die Humanität anstatt mit dem Scheckheft mit Idealismus betreiben – Anstifter zu dieser aus heutiger Sicht fast schon exotischen Initiative war ein Bankier, der neben der eigenen Karriere noch ein anderes Ziel verfolgte: ein Mann, der, mittlerweile im neunten Lebensjahrzehnt stehend, noch heute den Vorsitz des Clubs führt.

Entstehung

Der in Ostpreußen geborene Carl Doehring verließ die damalige Sowjetzone im Jahre 1950. Der zu dieser Zeit 41jährige Bankfachmann war marktwirtschaftlich orientiert, so daß die Einführung einer kommunistischen Kommandowirtschaft im Zuge der Bildung der DDR ein weiteres Verbleiben im Osten nicht mehr zuließ.

Versöhnung und Verständigung war das Motto, das der Übersiedler mit im Gepäck hatte, und bereits im Jahre 1951 bot sich die erste Gelegenheit, diese Idee in die Tat umzusetzen: Zunächst auf lokaler Ebene rief er beim Eintreffen erster kanadischer NATO-Einheiten in Hannover zu *Deutschen Weihnachten für kanadische Soldaten* auf: Die von Hannoveraner Bürgern gegründete und heute noch bestehende Deutsche Kanadische Gesellschaft e. V. Hannover stieß sowohl bei der Bevölkerung als auch bei der kanadischen Truppenführung auf eine unerwartet breite Resonanz. Von den rund 3000 von Hannoveranern ausgesprochenen Einladungen konnten nur etwa 900 erfüllt werden – allerdings muß hierzu erwähnt werden, daß das besondere Interesse der Bevölkerung für diese Aktion auch von Auswanderungsabsichten nach Kanada getragen war.

Als eine damals ungewöhnlich erfolgreiche Bürgerinitiative hatte diese Idee trotzdem eine bleibende Wirkung erzielt, und die vorweihnachtliche Kontaktaktion konnte im Jahre 1952 bundesweit auf die inzwischen ebenfalls zu NATO-Einheiten gewordenen Angehörigen der anderen Stationierungsstreitkräfte ausgedehnt werden – mit dem Nebeneffekt, daß diese nun ihrerseits selbst die Initiative ergriffen, um mit gesammelten Geld- und Sachspenden alten und kranken Menschen wie auch Flüchtlingen und Waisenkindern Advents- und Weihnachtsfreuden zu bereiten.

Im Jahre 1953 kamen die Angehörigen der Schutzmächte in Berlin dazu, im Jahre 1956 wurden die Ungarnflüchtlinge und sonstige Flüchtlingsgruppierungen aus Osteuropa sowie anderen Teilen der Welt mit einbezogen, und im Jahre 1965 hörten auch zu dieser Zeit einströmende Gastarbeiter von der Idee gegen Fremdenfeindlichkeit. Dieser nun stärker betonte multinationale Akzent der vorweihnachtlichen Kontaktaktion führte dazu, daß die verschiedenen inzwischen gegründeten zwischenstaatlichen Vereinigungen nicht länger alleinige Träger der umfangreichen Aktivitäten sein konnten, so daß am 11. November 1965 der Internationale Club von Hannover – Freundeskreis Internationaler Begegnungen gegründet wurde. Von liberaler Prägung, stellte von nun an er die Basis für die stark erweiterte Aufgabenstellung.

Organisation

Entgegen sonst bei anderen Vereinigungen üblichen Gründungsformalitäten wurde unkonventionellerweise ein Freundeskreis mit interessierten Bürgern ins Leben gerufen, der sowohl auf Satzung als auch auf Mitgliedschaft verzichtet, dafür aber mit einem konkreten Arbeitspapier ausgestattet ist. Die notwendigen Rahmenbedingungen für die finanzielle Seite des Clubs wurden im Wege eines Umlageverfahrens und durch Bildung eines engeren Arbeitskreises auf ehrenamtlicher Grundlage geschaffen. Ergänzt wurde der organisatorische Rahmen mit einem Förderkreis von Persönlichkeiten, Unternehmen und Institutionen, um ideelle und finanzielle Möglichkeiten zusätzlich in Anspruch nehmen zu können. So gelang es im Lauf der Jahre auch, etwa 100 Institutionen und Verbände verschiedenster Art, zum Beispiel Kirchen, Gewerkschaften, Betriebe, örtliche Vereinigungen sowie eine große Anzahl privater Bürgerinitiativen für diese Aufgaben zu gewinnen.

Zielsetzung

Begegnungsmöglichkeiten in Sachen Versöhnung und Verständigung für Bürger und Institutionen wenigstens in der Vorweihnachtszeit anzubieten ist die vorrangige Zielsetzung der Vereinigung. Ein absolut edles Unterfangen, zumal die Bereitschaft der Bürger zu menschlichen Kontakten mit den ausländischen Mitbürgern in der gestreßten Situation des Alltagslebens kaum sonst noch gegeben zu sein scheint.

In diesem Sinne haben inzwischen drei vorrangige Erkenntnisse des Clubs an Bedeutung gewonnen, die Carl Doehring wie folgt definiert:

- *Advent – Weihnachten – Neujahr als traditionelle Lebensform der europäischen Kultur und des Abendlandes gewinnt im Hinblick auf die bisher mehr atheistisch bzw. stark unchristlich geprägte Welt im östlichen Europa für Begegnungen an Bedeutung.*
- *Dazu kommt die größere Aufgeschlossenheit der westeuropäischen Bevölkerung, in dieser Zeit mit ausländischen Mitbürgern zusammenzutreffen.*
- *Und auch ausländische Mitbürger und Gäste greifen den Anlaß gerne auf, sich in dieser besinnlichen Zeit mit Deutschen zu treffen, um sich an einer typisch deutschen und liebenswerten Lebensart zu erfreuen.*

Ein eindrucksvolles Beispiel dafür also, wie man mit Hilfe einer unkomplizierten Botschaft oftmals weit mehr erreichen kann, als dies mit verwickelten Verträgen oder Gesetzen möglich ist. Daß sich Doehring darüber hinaus auch *»höheren«* Aufgaben widmet, zeigt, daß die Landeshauptstadt Hannover ausgesprochen gute Kontakte mit Diplomaten pflegt, deren Länder nicht durch eine zwischenstaatliche Gesellschaft oder durch ein Konsulat in Hannover vertreten sind.

Aktivitäten

»Hunderttausende Ausländer feiern mit Deutschen die Weihnachtszeit: Zehntausende traditioneller Advents- und Weihnachtsfeiern boten auch in diesem Jahr vielfache Möglichkeiten, die Aufgeschlossenheit der deutschen Bevölkerung für das Miteinander und das Füreinander vor allem mit ausländischen Mitbürgern, Gästen und anerkannten Flüchtlingen im Sinne der weihnachtlichen Friedensbotschaft zu nutzen.

Tausende von Betrieben, die Kirchen und kirchlichen Organisationen, die Verbände der Wohlfahrtspflege und auch die Bundeswehreinheiten, die Gewerkschaften, Behörden, viele deutsch-ausländische Gesellschaften, ferner die Sport- und Jugendvereinigungen und eine Fülle von örtlichen Bürgerinitiativen nahmen aufgrund der traditionellen Kontaktaktion des Freundeskreises Internationaler Begegnungen, der vom Internationalen Club von Hannover getragen wird, in diesem Jahr ihre traditionellen Weihnachtsfeiern als Gelegenheit zu Begegnungen mit Angehörigen der NATO-Stationierungsstreitkräfte, ausländischen Arbeitnehmern und Tausenden ausländischer Gäste aus allen Teilen der Welt wahr und reagierten mit Hunderten von Einladungen und kulturellen Darbietungen auf diese Einladungsbereitschaft.«

Eine Meldung der Deutschen Presseagentur vom 2. Dezember 1980, an der sich das Ausmaß der Bemühungen des Clubs sehr deutlich ablesen läßt.

Zusätzlich zu diesen Kontaktaktionen organisiert der Club an seinem Sitz eine große Zahl von Vortragsveranstaltungen, so daß Hannover seit den Anfängen der Aktivitäten auf internationaler Ebene eine Spitzenposition im Vortragswesen einnimmt. Genau 265 ausgesuchte Referenten, hauptsächlich aus dem Auslandsbereich, standen im Zeitraum von 1951 bis Mitte 1990 am von Doehring aufgestellten Rednerpult – unter ihnen Nobelpreisträger, Minister, Präsidenten, Botschafter, Generalsekretäre und Generäle sowie weitere Persönlichkeiten aus den verschiedensten Bereichen.

Daß dieses über 35jährige Wirken eines einzelnen Mannes nicht ohne persönliche Folgen bleiben konnte, ist verständlich. Carl Doehring ist gerngesehener Gast bei hochoffiziellen Empfängen; seine Geburtstagspost ist gut sortiert mit Glückwünschen höchster Stellen. Für sein verbindendes Suchen wurde er mit dem Bundesverdienstkreuz 1. Klasse der Bundesrepublik Deutschland, dem Großen Ehrenzeichen der Republik Österreich und mit der Medaille in Silber Mérite Européen der Foundation Luxemburg ausgezeichnet.

Internationaler Club La Redoute

Ausländer haben es in unseren Landen insbesondere in der heutigen Zeit nicht gerade leicht: Probleme mit der Aufenthalts- und Arbeitserlaubnis, menschenunwürdige Zustände in Übergangslagern und Asylantenheimen sowie weitgehende Diskriminierung niedrigster Art sind die vorherrschenden anfänglichen Eindrücke, die der »normale« Ausländer von der Bundesrepublik Deutschland erhält – einem Land, dessen Einwohner so gerne und so unbeschwert im nahen und fernen Ausland Ferien machen. Eine völlig andere Welt bietet sich ausländischen Diplomaten, die sich im Bonner Raum niederlassen – hier wird geklotzt, was das Zeug hält. Der von den Betroffenen süffisant angedeutete »kleine Unterschied« ist in diesem speziellen Fall recht grobschlächtiger Natur, insbesondere wenn man bedenkt, welche Summen die affektierte und inhaltslos angeschwollene Einlullung ausländischer Diplomaten verschlingt.

»La Redoute« läßt sich in diesem Zusammenhang am besten mit Ball- oder Tanzsaal übersetzen und bezeichnet eine schloßartige Villa in Bad Godesberg sowie einen hochkarätigen internationalen Club:

»Sitz des Clubbüros ist die Redoute in Bonn-Bad Godesberg, in der Kurfürstenstraße am Fuß eines weiträumigen Parks mit seltenen Bäumen und Ziersträuchern gelegen.

Die Redoute ist in den letzten Jahren mit hohem Aufwand renoviert worden, ohne die äußere Erscheinung des unter Denkmalschutz stehenden ursprünglichen Schlosses, in dem sich nun ein großes Restaurant mit Speiseräumen verschiedener Größe befindet, zu verändern. Sie befindet sich im Besitz der Stadt Bonn und wird für repräsentative Veranstaltungen genutzt.«

So dezent und bescheiden stellt ein Club-Prospekt das im Jahre 1790 vom Kölner Kurfürsten, dem Erzbischof Max Franz, erbaute Anwesen vor, von dessen Existenz rund 99 Prozent aller in der Bundesrepublik Deutschland lebenden Ausländer vermutlich noch nie etwas gehört haben.

Zweck

Der ausschließlich und unmittelbar gemeinnützige Zweck im Sinne des Abschnitts »Steuerbegünstigte Zwecke« der Abgabenordnung verfolgende Verein Internationaler Club La Redoute will ein Forum der Begegnung zwischen Ausländern und Deutschen sein – gedacht wurde dabei an die *»Vertiefung der menschlichen und kulturellen Beziehungen zu anderen Völkern, die Förderung der internationalen Zusammenarbeit auf allen Gebieten der Kultur sowie die Förderung und Vorbereitung der Völkerverständigung«.*

Erreicht werden sollen persönliche, berufliche und wirtschaftliche Kontakte durch gesellschaftliche, wissenschaftliche, politische und kulturelle Veranstaltungen unter dem Motto, Wege zum Austausch der Ideen und zum besseren wechselseitigen Verstehen zu öffnen.

Es ist zu befürchten, daß La Redoute auf einer Ebene tanzt, die jenseits von Gut und Böse liegt, selbst wenn unter der Schirmherrschaft des Präsidenten der Bundesrepublik Deutschland offiziell Bemühungen unternommen werden, mit Hilfe eines breiten Angebots von Veranstaltungen verschiedener Art den Interessen seiner in- und ausländischen Mitglieder zu entsprechen:

- *Haiti – Wirtschaft, Politik, Kultur*
- *Aids – wie bedroht sind wir wirklich?*
- *Besuch des AWACS-Geschwaders der NATO in Geilenkirchen*
- *Konzert des Ma'alot-Bläserquintetts . . .*

Dieser kleine Auszug aus dem Vortrags- und Veranstaltungsprogramm, der noch um Herbstbälle und Bridge-Nachmittage angereichert werden kann, darf als stellvertretender Querschnitt für den Inhalt dieses in den fünfziger Jahren gegründeten Forums der Begegnung zwischen Ausländern und Deutschen betrachtet werden.

Mitgliedschaft

Rund 400 Mitglieder, davon 24 ausländische Botschafter, treffen sich in der Redoute zweimal im Monat zu Small talk, Imbiß und Erfrischungen. Welche Voraussetzungen an die Mitgliedschaft geknüpft sind, zeigt der entsprechende Auszug aus der Satzung:

1. Ortsansässige Mitglieder können werden:

a) Personen, deren Namen in der amtlichen Diplomatenliste des Auswärtigen Amtes aufgeführt sind,

b) Personen, die Mitglieder der Bundesregierung oder einer Landesregierung sind,

c) Personen, die Beamte oder Angestellte im Dienst des Bundes, eines Landes oder einer anderen Körperschaft des öffentlichen Rechts sind,

d) andere natürliche Personen, die das 18. Lebensjahr vollendet haben und fähig und willens sind, den Zielen des Vereins zu dienen.

2. *Auswärtige Mitglieder können werden: natürliche Personen, die das 18. Lebensjahr vollendet haben und fähig und willens sind, den Zielen des Vereins zu dienen, sofern sie weder ihren dauernden Wohnsitz noch den Ort ihrer beruflichen Tätigkeit in Bonn oder in einem Ort im Umkreis von 50 km von Bonn haben.*
3. *Außerordentliche Mitglieder können werden: juristische Personen und Personenvereinigungen, die fähig und willens sind, die Zwecke des Vereins zu fördern.*
4. *Zu Ehrenmitgliedern können Personen ernannt werden, die sich ganz besondere Verdienste um den Verein und die Verwirklichung seiner Ziele erworben haben.*

Im Prinzip kann also jeder Mitglied im Internationalen Club La Redoute werden. Stellt jedoch nun der am Zweck des Vereins, nämlich an der Völkerverständigung, interessierte Asylantenheim-Bewohner einen Aufnahmeantrag, so wird folgendes passieren:

»Der Aufnahmeantrag ist eine Woche am schwarzen Brett auszuhängen, um den Mitgliedern Gelegenheit zu geben, Einwände gegen die Aufnahme des Bewerbers geltend zu machen. Nach Ablauf dieser Frist entscheidet der Vorstand unter Berücksichtigung etwaiger Einwendungen über den Aufnahmeantrag . . .«

Nun, man braucht nicht besonders viel Phantasie, um sich vorzustellen, wie der Aufnahmeantrag unseres um Völkerverständigung bemühten Asylanten aussehen wird – er wird grob geschätzt auf hundertprozentige Ablehnung stoßen, wobei insbesondere eine wiederholt in den zitierten Voraussetzungen benutzte Formulierung zur Anwendung kommen könnte: Das neue Mitglied muß »fähig und willens« sein, den Vereinszielen zu dienen. Und daß – den guten Willen vorausgesetzt – allein die Begleichung der Jahresbeiträge keine ausreichende Befähigung darstellen wird, versteht sich . . .

Johanniter/Malteser

Sowohl Vertreter des Johanniter- als auch des Malteserordens zeigten wenig Begeisterung, sich in einem Buch mit dem Arbeitstitel »Exklusive Clubs und Zirkel« wiederzufinden. Für diese ablehnende Haltung mag es Gründe geben, nach denen an dieser Stelle nicht gefahndet werden soll, da dieses Buch unter anderem weder auf die Enthüllung vereinsrechtlicher noch buchhalterischer Finessen abzielt. Doch jeder, der daran interessiert ist, wer hinter den bekannten Organisationen Malteser-Hilfsdienst sowie Johanniter-Unfall-Hilfe steht, sollte ein Recht haben zu erfahren, daß beide Ordensvereine auch heute noch vom exklusiven Schleier männlicher Adelsorganisationen umhüllt sind. In diesem Sinne soll der folgende Beitrag nicht nur von der Geschichte und der Hospitalität dieser Orden religiösen Ursprungs handeln, sondern auch von der gegenwärtigen Struktur, die nach wie vor mittelalterliche Tradition bewahrt: Die Ritter sind noch unter uns, und was sie insbesondere in Sachen Hilfeleistung auf die Beine gestellt haben, darf tatsächlich als ritterlich bezeichnet werden.

Die gemeinsame Behandlung der protestantischen Johanniter und der katholischen Malteser mag verwirrend erscheinen, hat jedoch einen triftigen Grund: Das beiden Organisationen gemeinsame Logo in Form des achtspitzigen Kreuzes zeugt noch heute von dem gemeinsamen Ursprung in der Zeit der Kreuzzüge.

»Unsere Bruderschaft wird unvergänglich sein, weil der Boden, auf dem diese Pflanze wurzelt, das Elend der Welt ist – und weil, so Gott will, es immer Menschen geben wird, die daran arbeiten wollen, dieses Leid geringer, dieses Elend erträglicher zu machen.«

Der Inhalt dieses überlieferten Ausspruchs von Laienbruder Gerhard, dem Gründer des Ordens vom hl. Johannes, hat sich bewahrheitet. Trotz Reformation und der Bildung zweier großen Konfessionen hat es der Orden geschafft, als einziger von den drei großen Ritterorden der Kreuzfahrerzeit bis heute zu überstehen. Gemeinsamer Ursprung und gemeinsame Aufgaben stellen die Basis, auf der Johanniter und Malteser ein ökumenisches Vorbild abgeben, und ein Ende ist nicht abzusehen: Denn wer die sich stets wieder neu präsentierende Not und das Elend der Menschheit zum Mittelpunkt seines Wirkens macht, hat immer Hochkonjunktur – es sei denn, er sonnt sich im Ruhme einer großen Vergangenheit. Ein wichtiger Aspekt, der insbesondere deshalb erwähnenswert scheint, da auch Johanniter und Malteser im Laufe ihrer langen Geschichte Perioden aufwiesen, in denen Macht und Reichtum zu einem ausgesprochen lockeren Ordensleben führten: Hut ab also vor einer Organisation, der es über knapp 1000 Jahre gelungen ist, den Gründergedanken nicht nur zu bewahren, sondern auch zu praktizieren.

Geschichte

Papst Urban II. wies im Jahre 1095 das christliche Abendland auf die islamische Bedrohung hin, die das stark geschwächte Byzanz provoziert hatte: Der erste Kreuzzug brach bereits ein Jahr später auf, fest entschlossen, das Pilgerziel Palästina mit seinen heiligen

Stätten zu verteidigen, und endete mit der erfolgreichen Erstürmung Jerusalems am 15. Juli 1099. Noch im selben Jahr sammelten sich um den Leiter eines Pilgerhospitals, einen gewissen Gerhard, einige Kreuzritter und gründeten den Orden vom hl. Johannes von Jerusalem. Die Bruderschaft stellte sich von Anfang an die Aufgabe, Notleidenden zu helfen, Kranke zu pflegen, Gefangene zu befreien sowie Arme und Schwache zu unterstützen. Bis zum Abzug der letzten nicht im Kampf um Akkon gefallenen Ritter aus dem Heiligen Land im Jahre 1291 diktierte nach dem Tod Gerhards insbesondere Großmeister Raymund du Puy die Umgestaltung der Bruderschaft in einen monastisch lebenden Ritterkonvent: Mönchische Kriterien wie Kleidung, Auftreten in der Öffentlichkeit, Gelöbnis, Aufgabenbereiche und Tagesrhythmus wurden in eine Ordensregel gefaßt. Schützten sich die Johanniter anfangs noch mit Hilfe von aus Spenden finanzierten Söldnern gegen die islamische Bedrängung, verwandelte sich der Orden gegen Mitte des 12. Jahrhunderts in eine kriegerische Truppe – doch trotz umfangreicher militärischer Aktivitäten wurde der Pflegedienst nicht vergessen.

Nach Zwischenstationen auf Zypern (1292–1308) und Rhodos (1308–1522) irrte der überall vertriebene Orden sieben Jahre auf den Meeren und landete schließlich im Jahre 1530 auf Malta: Karl V. vermachte die Inselgruppe dem Orden, der sich fortan Malteser Ritter nannte. Bis 1798, als Napoleon die Republik der Malteser eroberte, führten die Ritter in Verteidigung des Abendlandes blutige und grausame Kriege, und die adelige Seestreitmacht besann sich erst nach Napoleons Handstreich wieder auf seine ursprüngliche Aufgabe. Bis zu sechzehn Adelige in sechs Generationen mußten die gerade fünfzehnjährigen Nachwuchsmalteser nachweisen, bevor sie ihre Passage nach Malta selbst bezahlen durften – der Andrang war so groß, daß zeitweise Zulassungsbeschränkungen bestanden. Erst durch die gravierenden gesellschaftlichen Veränderungen seit der Französischen Revolution trat dieses Element des Standesbewußtseins in den Hintergrund, wurde jedoch bis heute nicht ganz aufgegeben.

Trotz internationaler Niederlassungen, der sogenannten »Zungen«, und umfangreicher Besitzungen auf dem europäischen Festland fiel der Orden nach dem Verlust Maltas in eine schwere Krise, denn die Wiedergewinnung eines unabhängigen Territoriums erwies sich zunehmend als aussichtslos. Mit dieser Einsicht traten die entsprechenden diplomatischen Bemühungen der Malteser endgültig in den Hintergrund, so daß ab der zweiten Hälfte des 19. Jahrhunderts wieder soziale Fürsorge und Krankenpflege ganz oben auf dem Programmzettel standen – zu tun gab es reichlich, denn Kriege und Schlachten erschütterten Europa und Nordafrika.

Die Bildung nationaler Assoziationen war die neue Strategie des Ordens, mit deren Hilfe die ursprünglichen Aufgaben in alle Welt getragen wurden:

- *1859: Rheinisch-Westfälische Malteser Devotions-Ritter*
- *1867: Schlesische Malteser Ritter*
- *1872: England*
- *1877: Italien*
- *1885: Spanien*
- *1891: Frankreich*
- *1899: Portugal*
- *1910: Niederlande*
- *1927: Polen*
- *1928: Ungarn und USA*
- *1929: Belgien*
- *1934: Irland*
- *1951: Peru*
- *1952: Argentinien, Kuba und Mexiko*
- *1954: Nicaragua*
- *1956: Brasilien und Kolumbien*

- *1957: Philippinen und Skandinavien*
- *1958: Salvador*
- *1960: Schweiz*
- *1962: Rumänien*
- *1965: Malta*

Die Statuten dieser Assoziationen sind jeweils unter Berücksichtigung der internen Gesetzgebung der entsprechenden Staaten errichtet – an der Spitze steht jedoch ein auf Lebenszeit gewählter Großmeister, dem besondere Vorrechte sowie die Ehren eines Souveräns gebühren.

Die protestantische Nachfolgeorganisation fand bis zum Zusammenbruch der Monarchie unter seinem alten Namen Johanniterorden und der Protektion preußischer Könige ab 1852 in Brandenburg eine Bleibe. Den 2. Weltkrieg überstanden die Ritter, die vor die Wahl »Orden oder Partei« gestellt wurden, überwiegend durch die Flucht ins Heer, so daß sich Hitler den Vertretern der alten adeligen Geschlechter erst nach Kriegsende annehmen wollte. Glück und Unglück zugleich bedeutete somit für die Johanniter der Kriegsausgang: Zwar konnte Hitler den Orden nicht mehr wie beabsichtigt liquidieren, doch das größtenteils im Osten liegende Ordensvermögen war verloren. Ganze zwölf im Westen gelegene Krankenhäuser, die zum Teil zerstört, beschlagnahmt oder umgebaut waren, bildeten den Grundstock für den Orden, der sich schließlich im Jahre 1964 eine neue Ordensregel gab.

Hospitalität

Daß der umfangreiche Ordensbesitz in den evangelischen Ländern ganz und in den katholischen zum größten Teil der Säkularisation zum Opfer fiel, hatte zwangsläufig zur Folge, daß sich die Orden heute wieder ausschließlich karitativen Aufgaben widmen. Das war nicht immer so, denn Jahrhunderte lang wurde im europäischen Kernland nur der umfangreiche Besitz verwaltet, um die kriegerischen Tätigkeiten auf Rhodos und Malta zu finanzieren.

Die bekannte, im Jahre 1953 ins Leben gerufene Institution Malteser-Hilfsdienst (MHD) wirkt heute als rechtlich selbständiger Verein mit unzähligen Helfern in folgenden Bereichen:

- *Krankenhausdienst*
- *Krankentransport und Rettungsdienst*
- *Rettungssanitäter*
- *Hubschrauberrettungsdienst*
- *Soziale Dienste*
- *Unfallhilfsposten*
- *Zivildienst*
- *Katastropheneinsatz*

Neben einer alljährlichen Pilgerversammlung in Lourdes und der Malteser Schwesternschaft sind insbesondere die weltweiten Leprastationen und die Einsätze im Biafra- sowie im Vietnamkrieg hervorzuheben: Von 1966 bis 1975 leiteten insgesamt 309 Malteser die medizinische Versorgung von knapp 300000 Verwundeten und Kranken unter der südvietnamesischen Zivilbevölkerung. Über 70 Millionen DM wurden dabei investiert, davon rund 4 Millionen DM aus eigenen Mitteln, der Rest aus Zuwendungen der deutschen Bundesregierung.

Die 1952 gegründete Schwesterorganisation Johanniter-Unfall-

Hilfe (JUH) hat sich mit einem Minimum an hauptamtlichem Verwaltungspersonal den folgenden Aufgaben zugewandt:

- *Ausbildung in Erster Hilfe, Unfall- und Katastrophenschutz*
- *Ausbildung in häuslicher Krankenpflege*
- *Hilfeleistungen im allgemeinen Sanitätsdienst, im Rettungs- und Krankentransportdienst sowie im Katastrophenschutz*
- *Jugendpflege*
- *Erwachsenenbildung*
- *Ausbildung von Schwesternhelferinnen*

Auch hier ist insbesondere der stets einsatzbereite Auslands-Katastrophenschutzzug hervorzuheben, nicht zu vergessen die Ordensschwestern der Johanniter.

Die Ritterorden in der Gegenwart

Wenig bekannt ist, daß hinter diesen Hilfsorganisationen auch heute noch straff gegliederte Ritterorden stehen, ein bis heute bewahrtes Überbleibsel aus der Zeit der Kreuzritter. Die Malteser sehen sich als religiösen Laienorden, der zugleich militärisch, ritterlich und traditionsgemäß adelig ist – die Mitglieder sind in drei Klassen geteilt:

- *Erste Klasse: Justizritter, Profeßritter und Conventualkapläne, die religiöse Gelübde abgelegt haben, aber trotzdem mit Zustimmung ihrer Oberen einen freien Beruf ausüben. Aufgenommen werden kann jeder gesunde Katholik ehelicher Geburt und adeliger Abkunft, der frei von Mord und Häresie ist. Ausgeschlossen sind Personen, die Handel treiben und unrechtmäßigen Besitz am Ordensvermögen haben.*
- *Zweite Klasse: Oboedienz-Ritter und Justiz-Donaten, die ein religiöses Versprechen geleistet haben. Auch sie müssen adeliger Herkunft sein*

(Justiz-Donaten dürfen auch aus nichtadeliger, guter und ehrbarer Familie kommen), jedoch nach den Weisungen ihrer Oberen reine Ordensaufgaben erfüllen.
- *Dritte Klasse: Mitglieder, die weder Gelübde noch Versprechen abgelegt haben. Aufgenommen werden in diese Klasse auch Nichtadelige und Frauen, die sich verpflichten, unter vorbildhaftem Lebenswandel an der sozialen Hilfe und Krankenpflege mitzuwirken.*

Bei den Johannitern dürfen seit Anfang der fünfziger Jahre auch männliche Nichtadelige Ritter werden, bewerben kann man sich aber bis heute nicht um die Mitgliedschaft: Die Initiative geht immer vom Orden aus. Rund 3000 Ritter stehen unter dem Kommando eines parlamentarisch gewählten Herrenmeisters, unterteilt sind sie in ebenfalls drei Klassen:
- *Erste Klasse: Rechtsritter, die den Ritterschlag erhalten haben*
- *Zweite Klasse: Ehrenritter*
- *Dritte Klasse: Anwärter*

Trotzdem kein Grund, sich zu verstecken: Die schlagkräftigen Hilfsorganisationen rechtfertigen den gepflegten Anachronismus der Kreuzritter-Nachkommen, die in ihren höheren Etagen recht gerne unter sich sind – exklusiv, versteht sich.

Kiwanis

»Heiß diskutiert wurde die Idee des Lions-Club Eutin, am 18. 3. 1990 um 16.30 Uhr in der St.-Michaelis-Kirche, Eutin, ein Wohltätigkeitskonzert durchzuführen.

Es soll eine Aktion der in Eutin ansässigen Service-Clubs Lions, Kiwanis und Round Table werden, wobei der Ostholsteiner Anzeiger Unterstützung zugesagt hat. Der erwartete Erlös soll dem Kinderkrankenhaus Schwerin bzw. der Behindertenhilfe im Bereich Schwerin zugute kommen. Mit überwältigender Mehrheit wurde beschlossen, das vom Lions-Club Eutin initiierte Wohltätigkeitskonzert zu unterstützen.«

Diese Mitteilung aus der Kiwanis-Zeitung *»number one«* vom Mai 1990 ist fast eine Rarität, denn nicht immer funktioniert das Zusammenspiel der verschiedenen Clubs so reibungslos. In München beispielsweise platzte Rotary in ein langfristig durch persönliche Aktionen aufgebautes Kiwanis-Hilfsprojekt und zog so das öffentliche Augenmerk durch Überreichung eines entsprechenden Schecks auf sich.

Daß, insbesondere unter den drei großen Männer-Service-Clubs Rotary, Lions und Kiwanis, eine gewisse Konkurrenz besteht, ist unbestritten. So zeugt auch der kiwanische Zeitungsname *»number one«* nicht gerade von Understatement: Zwar wurde Kiwanis International zehn Jahre nach Entstehung von Rotary noch vor Lions gegründet, doch der breiten Öffentlichkeit ist die weltweit verbreitete Organisation nur wenig bekannt; in Wien vielleicht, als sich im Jahre 1983 rund 12 000 Kiwanier zum Welt- und Europakongreß versammelten – der österreichischen Bundespost war es die Ausgabe einer 5-Schilling-Briefmarke wert.

Wer bei dem Namen Kiwanis an Neuseeland oder die saftige Kiwi-Frucht denkt, ist auf dem Holzweg: Die Bezeichnung ist indianischen Ursprungs und wurde laut dem offiziellen Faltblatt für neue Mitglieder aus dem Ausdruck »Nunc Keewanis« gebildet. In der eigenwilligen deutschsprachigen Deutung sprechen die Kiwanier selbst von *»Entfaltung bzw. Ausdruck der Persönlichkeit«, »Stelle Dein Wissen und Können dem Club, Deinen Freunden und der Allgemeinheit zur Verfügung«, »Wir handeln gerne, wir finden Freude daran, unsere Talente zu teilen«, »Wiedererwecktwerden der Natur nach langem Winterschlaf«* oder von einem *»unterirdischen Zeremonienraum der Pueblo-Indianer«.*

Befragte Indianologen sind da ganz anderer Meinung, denn sie leiten den Begriff Kiwanis vom »nin kiwanis« aus der Sprache des indianischen Ojibwa-Stammes ab: *»I make noise, I am foolish and wanton« – »Ich mache Krach, bin töricht und lüstern« . . .*

Schwamm darüber, denn immerhin wird man nicht wegen eines nur schwer zu definierenden Namens Mitglied einer Service-Organisation, sondern weil man dazu eingeladen wird, die Clubvorteile zu teilen und bei wohltätigen Aktionen mitzuwirken.

Geschichte

»Die Internationale Kiwanis-Organisation blickt in diesem Jahr auf ihr 75jähriges Bestehen zurück.

Es waren 1915 die Amerikaner, die im Zeitalter des Imperialismus Service-Club-Organisationen schufen.

Die Initiative ging vom damaligen Präsidenten Woodrow Wilson aus, der die Politik der Dollar-Diplomatie von Roosevelt ablehnte und Freundschaft und Vertrauen besonders in Mittel- und Südamerika suchte . . .«

Soweit das Kiwanis-Distriktbüro Klaus Büchner aus Bremen zur Entstehung des Service-Clubs. Tatsache ist, daß die Vereinigung am 21. Januar 1915 von dem berufsmäßigen Organisationstalent Allen Simpson Browne unter dem ursprünglichen Namen »The Benevolent Order of Brothers« (Der wohlwollende Bruderorden) in Detroit gegründet wurde: Der Zweck war der gegenseitige Austausch bevorzugter Behandlung in beruflichen und geschäftlichen Angelegenheiten; erstes Mitglied war der Schneider Joseph Prance. Browne war fest davon überzeugt, daß der Club seine Tätigkeit nach dem Motto »wir handeln« ausüben sollte. Mit anderen Worten sollten die Mitglieder Geschäfte ausschließlich untereinander austauschen, damit sich jedes Mitglied dabei bereichern konnte. Er stellte sich nach Aussage des Kiwanis-Weltpräsidenten J. T. Roberts von 1982 heftig gegen den Wohlfahrtsgedanken.

Vermutlich, um bezüglich des Namens eine deutliche Abgrenzung zum amerikanischen Freimaurertum zu erzielen, besann man sich bereits im ersten Jahr darauf, die neue Organisation in *»Kiwanis«* umzutaufen. Ebenso wurde den Gründern klar, daß der ursprüngliche Zweck des Ordens auf viele Mitglieder wenig Anziehungskraft ausstrahlte, so daß auch dieser geändert wurde: Der Dienst an der Gemeinschaft wurde zum neuen und werbewirksameren, humanitären Konzept ernannt, ein Ziel, das Kiwanis auch heute noch verfolgt. Da dieses Schnittmuster nun besser paßte und die Kiwanier Gefallen an ihrer Vereinigung fanden, kauften sie dem Organisator Allen Browne bald darauf ihren eigenen Club ab, um den Feldzug des weltweiten Wachstums selbst durchzuführen.

Im Jahre 1916 wurde Kiwanis mit der »Besetzung« Kanadas international, doch der Bruch mit der lange gepflegten Tradition, ausschließlich in den Vereinigten Staaten und in Kanada präsent zu sein, erfolgte erst im Jahre 1962 mit Clubgründungen in Mexiko.

Kurze Zeit später, im Jahre 1963, ließ sich Kiwanis auch im deutschsprachigen Raum (Wien und Frankfurt) nieder – 52 Jahre nach Rotary und 12 Jahre nach Lions, die natürlich hauptsächlich deshalb einen gewissen Bekanntheitsvorsprung haben.

Dafür erwies sich Kiwanis in Sachen Ost-Kolonisation als Vorreiter, indem die Organisation den ersten Service-Club in der DDR gründete. Am 7. März 1990 um 20 Uhr wurde im Schweriner Hotel Niederländischer Hof ein Club aus der Taufe gehoben – 15 Mitglieder haben die Petitionsurkunde unterschrieben und einen Vorstand gewählt. Das historische Ereignis wurde vom staatlichen DDR-Fernsehen ganze 35 Minuten lang übertragen, zudem berichteten sieben Tageszeitungen über das Ereignis.

»Zur Gründungsversammlung des Kiwanis-Clubs Schwerin übersende ich Ihnen meine herzlichen Glückwünsche.

Ich freue mich über die Gründung des ersten Kiwanis-Clubs in der DDR. Die Tatsache, daß dieses Jubiläum im Norden der DDR – einem Gebiet mit jahrhundertelanger, guter kaufmännischer Tradition – stattfindet, erfüllt mich mit besonderer Freude . . .«

Diese Gratulation stammt aus einem Telegramm des Politikers Björn Engholm, der der Gründerversammlung wegen Terminproblemen auf diesem Wege seine ganz persönliche Begeisterung ausdrückte – Engholm ist prominentes Mitglied im Kiwanis-Club der Hansestadt Lübeck.

Grundsätze

Sechs Grundsätze bilden das »*Gesetzbuch*« der heutigen Kiwanier; Regeln, deren allgemeine Befolgung im Prinzip jedem Menschen zum Vorteil gereichen würde:

- *Den humanen und geistigen Werten den Vorrang vor den materiellen Werten zu geben.*
- *Im Alltag die Anwendung der goldenen Regel in allen zwischenmenschlichen Beziehungen zu fördern: Was du nicht willst, das man dir tu', das füg' auch keinem andern zu.*
- *Die Anwendung immer höherer Maßstäbe im sozialen, geschäftlichen und beruflichen Leben zu fördern.*
- *Durch Rat und gutes Beispiel verständnisvollere, aktivere und hilfreichere Mitbürger zu formen.*
- *Durch Kiwanis-Clubs dauernde Freundschaften zu gewinnen, uneigennützigen Dienst am Nächsten zu üben und bessere Gemeinschaften zu bilden.*
- *Mitzuarbeiten am Aufbau einer gesunden öffentlichen Meinung, um Rechtschaffenheit, Gerechtigkeit und Loyalität einem freien Staatswesen gegenüber sowie gute internationale Freundschaften zu fördern.*

Ein wenig pathetisch heißt es weiterhin:

»Ein Kiwanier reicht allen Menschen die Hand,

- *ganz gleich welcher Hautfarbe, welcher Konfession, welchen Geschlechts und welcher Nationalität;*
- *die im Miteinander, in der Fürsorge der in Not Geratenen, die im Zusammenspiel der Frauen und Männer rund um die Welt die Realisierungsmöglichkeiten sehen für eine menschenwürdige, freie Gesellschaft;*
- *die bereit sind, die Grundsätze von Freiheit, von Gerechtigkeit, von Solidarität im persönlichen Handeln als Richtschnur anzuerkennen;*

- *die wissen, daß es Freiheit nur mit dem anderen, dem Mitmenschen, in der Gesellschaft, in einer Gemeinschaft geben kann, im Sinne einer anzustrebenden Solidarität und nur im Einklang mit der Natur;*
- *die bedingungslos anerkennen, daß die humanen Voraussetzungen der Moderne die Freiheit der Erkenntnis, die Freiheit der Selbstbestimmung und die Freiheit der Selbstverpflichtung sind;*
- *die aus Überzeugung wissen, daß es nicht nur wichtig ist, daß ein Mensch das Richtige denkt, sondern auch, daß der, der das Richtige denkt, ein Mensch ist.«*

Hier wären die mit der Öffentlichkeitsarbeit befaßten Kiwanis-Strategen gut beraten, nach dem Motto »weniger wäre mehr gewesen« den Rotstift anzusetzen: Die Fülle der Widersprüche beginnt gleich im ersten Absatz, da Frauen in der Regel nicht Kiwanier werden können – allein in Bordeaux, Linz und Freiburg existieren reine Kiwanis-Frauenclubs, aber von gemischten Clubs, die *»im Zusammenspiel der Männer und Frauen«* die Welt verbessern wollen, kann nicht die Rede sein. Des weiteren könnte ein Punkt heftiger Kritik sein, daß die angesprochene Freiheit der Selbstbestimmung sowie der Selbstverpflichtung offensichtlich darauf abzielt, sich bedingungslos der humanitären Organisation unterzuordnen – eine Freiheit, die sehr schnell zum Zwang werden kann. Und, last not least: Auch derjenige, der das Falsche denkt, fällt im allgemeinen unter die Spezies Mensch, wobei die weltbewegende und bisher unbeantwortete Frage zu diskutieren wäre, was »falsch« bzw. »richtig« sein darf ...

Weltbild

»We build! – Wir bauen!« Diesen Wahlspruch setzt Kiwanis tatsächlich in der Weise um, daß die Hilfeleistungen an Bedürftige weniger mit unpersönlichen Schecks als vielmehr durch zeitintensiven Einsatz der Mitglieder geleistet werden. Aktionen vor Ort sind quasi Pflichtübungen der Mitglieder – insbesondere auf kommunaler Ebene und dort, wo Staat und Wohlfahrtsorganisationen zu schwerfällig reagieren. Eine feine Sache, die leider wenig bekannt ist, da die Berichterstattung der Medien in der Regel den alltäglichen Schauergeschichten den Vorzug gibt.

Doch noch an anderer Stelle wird gebaut:

»... Kiwanis muß weiterhin wachsen, um dienen zu können, und zunehmend dienen, um wachsen zu können. Ziel: Am Ende meines Amtsjahres möchte ich meinem Nachfolger einhundert Clubs, einschließlich der DDR, übergeben ...«

So Fritz Hodeige, der Gouverneur für den Distrikt Deutschland für das Amtsjahr 1990/91, der sich im Jahre 1988 anläßlich einer Distrikttagung ein paar differenziertere Gedanken zum »aufbauenden« Weltbild der Organisation gemacht hat:

»... Und wodurch unterscheiden wir uns dann noch von Rotary und Lions, den beiden anderen Service-Organisationen? Das ist doch die Kernfrage, um die es mir zumindest heute morgen geht. Spenden, meine Damen und Herren, liebe Freunde, werden von genügend Organisationen erbeten. Das allein kann doch nicht der Inhalt unserer Tätigkeit sein. Also sei noch mal gefragt: Was wollen wir denn bauen? Unentwegt werden wir aufgefordert, neue Clubs zu gründen. Als Unterstützung bietet die Kiwanis-Bürokratie Formblätter an, die inhaltlich unzulänglich und meist schlecht aus dem Amerikanischen übersetzt sind. Ich wage zu bezweifeln,

daß ein Mehr an Formblättern unmittelbar ein Mehr an Clubgründungen nachzieht ...

... Ich habe heute morgen nicht ohne Erstaunen vom kommenden Weltpräsidenten unserer Organisation gehört, daß es eigentlich nicht möglich sei, zu sagen, was Kiwanis ist, sondern Kiwanis sei eine Sammlung von Möglichkeiten, Gutes zu tun, und es sei entscheidend, daß dieses Tun mit dem Etikett ›Kiwanis‹ versehen wird ...

... Lassen Sie mich noch einmal zurückkommen auf die Maxime aller Kiwanis-Ideen, die gipfelt in dem: ›We build.‹ Bezieht sich das nur auf das äußere Gebilde, auf sichtbare und greifbare Erfolge der einzelnen Clubs? Hat ›we build‹ nicht ganz wesentlich mit der Zukunft zu tun? Können wir ›bauen‹ ohne klare Zukunftsperspektiven? Ohne Standortbestimmung? Und ist diese wirklich nur denkbar mit vorgegebenen Inhalten mehr oder minder gut übersetzter amerikanischer Texte? ...«

Daß der kritische Redner zwei Jahre nach diesen Worten zum obersten Kiwanier Deutschlands gewählt wurde, kann eigentlich nur bezeugen, daß Kiwanis nicht zu denjenigen gehört, die sich einem festgefahrenen Image hingeben und selbstgefällige Schulterklopferei pflegen: Es geht um das Weltbild der platzlosen Utopie, die sich nach dem Philosophen Paul Tillich meistens mehr bewährt als das sogenannte Bewährte.

Clubleben

Gleich von vornherein muß darauf hingewiesen werden, daß die Organisation als Karrierehelfer wenig taugt – wer sich also unter sorgfältiger Verwischung aller Spuren über sieben Ecken in den Club empfehlen läßt, sollte nicht unbedingt damit rechnen, nun beruflich oder geschäftlich explosionsartig auf die Beine zu kommen. Im Vordergrund des durch regelmäßige Treffen gezeichneten Clublebens stehen neben der obligatorischen Begrüßungsansprache und einem gemeinsamen Essen die Planung und Diskussion neuer Clubaktionen sowie gemeinnütziger Projekte. Einen kurzen, repräsentativen Querschnitt des Clublebens bei Kiwanis vermag am besten ein Blick auf das Jahresprogramm zu vermitteln – zum Beispiel des Kiwanis-Clubs München:

– *Dienstag,*	*9. Januar 1990*	*Clubabend*
– *Dienstag,*	*23. Januar 1990*	*Vortrag*
– *Dienstag,*	*13. Februar 1990*	*Clubabend*
– *Dienstag,*	*27. Februar 1990*	*Kiwanis-Fasching*
– *Dienstag,*	*13. März 1990*	*Clubabend*
– *Dienstag,*	*27. März 1990*	*Clubabend*
– *Dienstag,*	*10. April 1990*	*Vortrag*
– *Dienstag,*	*24. April 1990*	*Clubabend*
– *Dienstag,*	*8. Mai 1990*	*Vortrag*
– *Samstag,*	*19. Mai 1990*	*Charity-Maifeier im Heim für blinde Frauen*
– *Sonntag,*	*20. Mai 1990*	*Filmmatinee*
– *Dienstag,*	*12. Juni 1990*	*Vortrag*
– *Dienstag,*	*26. Juni 1990*	*Generalversammlung*
– *Dienstag,*	*10. Juli 1990*	*Clubabend*
– *Sonntag,*	*22. Juli 1990*	*Jubiläumskonzert (Residenz)*
– *Samstag,*	*4. August 1990*	*Sommerfest*
– *Dienstag,*	*14. August 1990*	*Clubabend unter freiem Himmel*
– *Dienstag,*	*28. August 1990*	*Clubabend*
– *Dienstag,*	*11. September 1990*	*Clubabend*
– *Sonntag,*	*23. September 1990*	*gemeinsamer Wies'n-Besuch*
– *Dienstag,*	*25. September 1990*	*Vortrag*
– *Samstag,*	*6. Oktober 1990*	*Wies'n-Nachmittag im Heim für blinde Frauen*
– *Dienstag,*	*9. Oktober 1990*	*Clubabend*
– *Dienstag,*	*23. Oktober 1990*	*Vortrag*
– *Dienstag,*	*13. November 1990*	*Clubabend*
– *Dienstag,*	*27. November 1990*	*Vortrag*

– *Samstag,*	*8. Dezember 1990*	*Nachmittag:* *Charity-Weihnachtsfeier im Heim für blinde Frauen* *Abend:* *Weihnachtsfeier des KC München*
– *Dienstag,*	*11. Dezember 1990*	*Clubabend*

(KF = Kiwanis-Freund; KC = Kiwanis-Club)

Vorträge bzw. Referenten und Veranstaltungen:
- *Rudi Arens: Man sollte einen Stammbaum pflanzen*
- *Anton Kössl: Organisation von Kongressen*
- *Dr. Peter Uhl, Kreisverwaltungsreferent*
- *Otto Hayn: Vakuum-Technik*
- *General Werner: Neue militärpolitische Perspektiven*
- *Dr. Hans Ottomeyer, leitender Direktor des Münchner Stadtmuseums*
- *Prof. Bols bzw. Georg Lohmeier: Bayerische Geschichte*
- *Günther Wolfbauer, Pressereferent der Stadt München*
- *Besuch des Franz Marc Museum in Murnau*
- *Intendant Prof. Dr. Mattiasek: Musik-Theater von heute*
- *Otto von Habsburg: Europäische Zukunft*
- *Dietrich v. Kapff: Lichtbildervortrag über Namibia*
- *Törggelen-Fahrt nach Südtirol*

Erwähnenswert ist noch, daß auch bei Kiwanis eine Präsenzpflicht besteht, so daß Kiwanier, die jährlich mehr als 40 Prozent der vierzehntäglichen Clubabende fernbleiben, ihre Mitgliedschaft gefährden. Ansonsten jedoch gibt sich der Club legerer als Lions oder Rotary: Der Umgang untereinander ist lockerer, persönlicher und direkter, man pflegt mehr die Improvisation als die perfekte, professionelle Planung.

Mitglieder

Das hohe Durchschnittsalter von 57 Jahren plagt die Kiwanis-Funktionäre ebenso wie viele andere Organisationen, und man macht sich Sorgen um den Nachwuchs.

»Was wir benötigen, sind gestandene Männer, die bereit sind, auf die Straße zu gehen und nach Menschen Ausschau zu halten, die man ansprechen kann, um sie für die Kiwanis-Idee zu gewinnen ...«, klagt Kiwanier Hodeige. Im Beruf anerkannt, geachtet und in jeder Hinsicht integer sollen die neuen Mitglieder sein – außerdem müssen sie in die Gemeinschaft passen.

Zu den prominenten Mitgliedern der Organisation zählen bzw. zählten der bereits erwähnte Björn Engholm, die US-Präsidenten George H. W. Bush, Richard M. Nixon, Dwight D. Eisenhower und Lyndon B. Johnson sowie Kurt Waldheim – große Namen, die jedoch nicht in allen Fällen als gerade werbewirksam bezeichnet werden können.

Als typisches Beispiel einer Berufsklassenverteilung bei Kiwanis kann der im Jahre 1981 gegründete Club Hanse e. V. Bremen gelten – die in Klammern angegebenen Geburtsjahre der Mitglieder bezeugen das hohe Durchschnittsalter:

- *Wollkaufmann (1928)*
- *Kaufmann, Beschläge und Werkzeuge (1933)*
- *Syndikusanwalt (1945)*
- *Technischer Kaufmann (1940)*
- *Pathologe (1940)*
- *Kaufmann, Büro- und Betriebseinrichtungen (1934)*
- *Steuerberater (1940)*
- *Dipl.-Ing., Kaufmann, Technischer Handel (1946)*
- *Dipl.-Kaufmann (1944)*
- *Kaufmann, Antiquariat (1941)*
- *Druckereikaufmann (1937)*

- *Schulleiter (1937)*
- *Getreide- und Futtermittelkaufmann (1945)*
- *Gynäkologe, Chefarzt (1938)*
- *Kaufmann, Reisebüro (1944)*
- *Bankkaufmann (1943)*
- *Kaufmann, Gartenbau (1935)*
- *Kapitän (1938)*
- *Exportkaufmann (1930)*
- *Kaufmann, Salzgroßhandel (1934)*
- *Apotheker (1943)*
- *Dipl.-Kaufmann, Versicherung (1944)*
- *Kinderarzt (1944)*
- *Dipl.-Kaufmann, Bauträger (1948)*
- *Dipl.-Betriebswirt, Glasbau (1945)*
- *Dipl.-Ing., Dachdeckermeister (1942)*
- *Rechtsanwalt und Notar (1936)*
- *Kaufmann, Dachbaustoffe (1944)*
- *Rechtsanwalt und Notar (1941)*
- *Kaufmann, Einzelhandel (1941)*
- *Kaufmann, Entsorgungstechnik (1942)*
- *Zahnarzt (1935)*
- *Chirurg (1939)*
- *Dipl.-Kaufmann, Steuerberater (1944)*
- *Kaufmann, Spedition (1939)*
- *Baustoffkaufmann (1944)*
- *Dipl.-Ing., Architekt, Bausachverständiger (1936)*
- *Bankkaufmann (1940)*

Das Durchschnittsalter in diesem Club beträgt also im Jahre 1990 rund 50 Jahre. Gut sortiert sind die dem offiziellen Mitgliederverzeichnis entnommenen Berufe, so daß sich doch der Eindruck aufdrängen muß, daß man sich auch untereinander die Hände reicht. Ob Baubranche, Einzelhandel, Reisebranche, Versicherungen, Banken, Ausbildung, medizinische Versorgung, steuerliche oder anwaltliche Beratung – die gröbsten Bedürfnisse des täglichen Lebens könnten fast schon allein aus diesem Kreis von 38 Freunden abgedeckt werden. Doch wem würde es schaden, solange das Hauptaugenmerk der Vereinigung auf ihre humanitären Aufgaben gerichtet bleibt?

Verbreitung

Vom Hauptquartier in Indianapolis/Indiana aus wird die internationale Organisation gesteuert: Mehr als 350000 Mitglieder in über 3500 Clubs teilen sich die Kiwanis-Welt, die im Jahre 1990 aus folgenden Ländern bzw. Territorien besteht:

Andorra
Argentinien
Aruba
Australien
Bahamas
Barbados
Belgien
Belize
Bermudas
Brasilien
Bundesrepublik Deutschland
Cayman-Inseln
China
Costa Rica
Dänemark
Dominikanische Republik
Ecuador
El Salvador
Elfenbeinküste
Faröer-Inseln
Fiji
Finnland
Frankreich
Französisch-Guyana
Französisch-Polynesien
Ghana
Grand-Turk-Inseln
Griechenland
Großbritannien
Guadeloupe
Guam
Guatemala
Hongkong
Indien
Irland
Island
Italien
Jamaica
Japan
Jordanien
Jugoslawien
Kamerun
Kanada
Kenia
Kolumbien
Komoren
Korea
Liberia
Liechtenstein
Luxemburg
Malaysia
Martinique
Mexiko
Mikronesien
Monaco
Neuguinea
Neukaledonien
Neuseeland
Nicaragua
Niederlande
Niederländische Antillen
Nigeria

Norwegen
Österreich
Panama
Philippinen
Polen
Portugal
Puerto Rico
Schweden
Schweiz
Senegal
Singapur
Spanien
Sri Lanka
St. Lucia
Surinam
Taiwan
Thailand
Trinidad und Tobago
Tschechoslowakei
Tunesien
Ungarn
Vanuatu
Venezuela
Vereinigte Staaten von Amerika

Eine ansehnliche Expansion, wenn man bedenkt, daß die Organisation erst ab 1963 den nordamerikanischen Kontinent verlassen hat. Erwähnenswert ist neben dem Fehlen Südafrikas in der Länderkette, daß die Clubs in Japan ausgesprochen elitär arbeiten – ein Umstand, der den Funktionären ein wenig Kummer bereitet.

Kiwanis Europa

Bis 1968 waren alle europäischen Clubs direkt der Leitung des Chicagoer Kuratoriums von Kiwanis International unterstellt. Im Juni 1968 fand in Zürich unter der Leitung von Kiwanis International ein Jahreskongreß aller europäischer Clubs statt, bei dem eine eigenständige europäische Föderation mit eigenen Statuten gegründet wurde. Seither arbeitet Kiwanis International-Europe in administrativen Angelegenheiten selbständig, ist jedoch weiterhin der Mutterorganisation Kiwanis International angegliedert – das Zürcher Hauptquartier wird übrigens zur Zeit nach München verlegt.

Vermutlich wegen des Vorsprungs gegenüber anderen Service-Organisationen in Sachen europäischer Selbständigkeit hat sich Kiwanis der veränderten politischen Situation in Osteuropa sehr schnell angepaßt: Clubgründungen in Ungarn, in der DDR, in der Tschechoslowakei, in Polen und in Jugoslawien waren die unmittelbare Reaktion auf die Öffnung des europäischen Ostens.

»... Trotz aller Begeisterung und Spontaneität bei dieser ersten Ausbreitung von Kiwanis in Osteuropa muß vor zu viel Überschwang gewarnt werden. Nach so vielen Jahren der Unfreiheit müssen auch die ersten Gehversuche für Kiwanis mit äußerster Behutsamkeit und Sensibilität vorgenommen werden, um auf alle Fälle mögliche Rückschläge zu verhindern ...«

Dieser Warnung von Kiwanier Hans Servais, dem Chairman »New Club Building-Europe«, folgt die Empfehlung, möglichst bald Patenschaften für die Gründungsgruppen neu entstehender Clubs zu übernehmen, damit die angebotene internationale Freundschaft eine »Realität zum Anfassen« wird.

Sozialarbeit

Die karitative Arbeit von Kiwanis fällt in ihrer Durchführung aus dem Rahmen vergleichbarer Organisationen: Weniger die bloße Scheckdarreichung steht auf dem Programm als vielmehr die persönliche Aktion vor Ort. Es geht dabei vornehmlich um Belange auf kommunaler Ebene, was den Vorteil einer Meinungsbildung vor Ort hat. Die Hilfeleistungen richten sich hauptsächlich an Waisenhäuser und Kinderheime, an Schulen und Universitäten sowie an alte Menschen – das Kaffeekränzchen mit selbstgebackenem Kuchen ist eine bemerkenswerte Spezialität dieser Männerorganisation.

Beispiele für die lokalen Charity-Aktionen der Kiwanis-Clubs (KC) sind:

- *Rumänienhilfe des KC Ried (Konvoi von 13 LKWs)*
- *KC Roermond organisiert Wassersportwoche für Jugendliche*
- *Weihnachtsfeier für blinde und sehschwache Kinder im KC Miskolc/ Ungarn*
- *Weihnachtsbescherung des KC Salzburg Paracelsus im Salzburger Kinderspital*
- *KC Hamburg-Alster stiftet Wasserbett für die Sozialstation Barsbüttel*
- *KC Kronach-Frankenwald überreicht dem Klinischen Sanatorium in Löhma eine umfangreiche Medikamentensammlung und dem einzigen praktizierenden Arzt in Probstzella ein EKG*
- *KC Wachau spendet für die Anschaffung eines neuen Autos für den Mobilen Krankenpflegedienst des Kremser Hilfswerks sowie für die Aktion Licht im Dunkel*
- *KC Lübeck sammelt bei der deutschen pharmazeutischen Industrie sowie bei Lübecker Ärzten und Apotheken Medikamente für Polen im Wert von 1,8 Millionen Mark*
- *KC Augsburg spendet 70000 Mark für die Restaurierung des historischen Goldenen Saals im Augsburger Rathaus*

Es geht bei Kiwanis also nicht um rein theoretische Weltverbesserungsgedanken, sondern um echte Nachbarschaftshilfe, und wenn man bedenkt, daß in diesem Sinne weltweit rund 8500 Clubs engagiert sind, flexibel und den unmittelbaren Bedürfnissen von Ort und Zeit angepaßt zu arbeiten, kann man sich ungefähr ein Bild von der karitativen Schlagkraft der Organisation machen.

Kiwa-Junior

»Kiwa-Junior, was ist das? Sie wissen, was Kiwanis ist!? Prima, denn im Vergleich gibt es nur drei wesentliche Unterschiede:

- *Das Durchschnittsalter eines Kiwa-Junior Clubs liegt bei circa 24 Jahren (Alter der Mitglieder 18 bis etwa 30 Jahre).*
- *Im Sinne der Gleichberechtigung nehmen wir auch weibliche Mitglieder auf.*
- *Der berufliche Hintergrund der Mitglieder spielt keine Rolle . . .«*

Die Einleitung dieses Auszugs aus einer Informationsschrift über Kiwa-Junior, »die sprudelnde Vielfalt in der Kiwanisfamilie«, setzt allerdings voraus, über Kiwanis Bescheid zu wissen – eine Anforderung, die die Allgemeinheit nicht unbedingt teilen mag.

Die Jugendorganisation von Schülern, Studenten, Wehrpflichtigen, Auszubildenden und jungen Angestellten setzt sich vermutlich hauptsächlich aus Kiwanier-Kindern und deren Freunden zusammen, Indiz dafür könnte sein, daß die meisten Junior-Clubs von »Erwachsenen-Clubs« ins Leben gerufen werden – mindestens fünf junge Leute sind für eine Clubgründung nötig.

Die Geschlechterverteilung ist trotz angedeuteter Gleichberechtigung jedoch zugunsten der männlichen Mitglieder verschoben – einige zum selben Zeitpunkt untersuchte Kiwa-Junior Clubs beweisen dies sehr deutlich:

– *Kiwa-Junior Club Aachen:*	*15 Männer/6 Frauen*
– *Kiwa-Junior Club Hannover:*	*6 Männer/1 Frau*
– *Kiwa-Junior Club Innsbruck-Tirol:*	*6 Männer/4 Frauen*
– *Kiwa-Junior Club Kassel-Wilhelmshöhe:*	*3 Männer/keine Frauen*
– *Kiwa-Junior Club Linz-Bruckner:*	*15 Männer/3 Frauen*

Das gesamte Durchschnittsverhältnis liegt bei diesen Clubs bei 45 : 14, der Frauenanteil beträgt also nur knapp 25 Prozent. Abgesehen von diesem Männerüberhang stehen die weiblichen Mitglieder bei Erreichen der Altersgrenze von 30 Jahren vor einem neuen Problem: Erwachsene Kiwanier sind fast ausschließlich männlichen Geschlechts, so daß den cluberprobten Damen nichts anderes übrigbleibt, als bei Soroptimist oder Zonta unterzukommen – übrigens nicht die schlechteste Entscheidung.

Lions

»Lions Club International ist eine weltweite Vereinigung freier Menschen, die in freundschaftlicher Verbundenheit bereit sind, sich Problemen der Gesellschaft in unserer Zeit zu stellen und uneigennützig an ihrer Lösung mitzuwirken« – so im Jahre 1917 der Gründer der Organisation, Melvin Jones.

Davor mußte sich der erfolgreiche Versicherungsmakler jedoch einem anderen Problem stellen, nämlich der Namensfindung und dem Entwurf eines eingängigen Wappens: Die Entscheidung für den Namen Lions war für Jones nicht irgendeine zweitrangige Angelegenheit, sondern das Ergebnis sorgfältigster Überlegungen. Die Rolle des Löwen in der Sage, in der Heraldik und sogar zoologische Erkenntnisse führten Jones zu diesem Namen, der so vorzüglich die Eigenschaften »Mut, Stärke, Treue und Tatkraft« verkörpert. Er setzte damit neben die in der amerikanischen Clubszenerie allbekannten Wappentiere wie Elch, Rentier, Adler usw. als Namensträger ein Tier, das für ihn in unverkennbar romantisierender Sicht ohne Abstrich königlich war.

Die darauf folgende Entstehung des Lions-Emblems ist fast eine Geschichte für sich, denn erst nach langwierigen Diskussionen entschied man sich für ein »L« plus Löwenabbildung – rein künstlerisch ließ sich diese Lösung allerdings nicht ganz einfach realisieren, vor allem das Bild des Löwen bereitete Kopfzerbrechen. Wer dem »L« letztendlich die Löwen beisteuerte, war niemand anderes als die damals hoch im Kurs stehende französische Tiermalerin Rosa Bonheur (1822–1899): Das bis heute gleiche Emblem wurde darauf von dem Chicagoer Lions-Freund Maurice Blink entworfen.

Doch damit nicht genug, denn nun begann eine reine Buchstabenklauberei, um das Wort Lions zu einer Abkürzung umzufunktionieren. Das Agieren mit Buchstaben war den Amerikanern durchaus nicht fremd und hat im amerikanischen Sprachraum geradezu Tradition, bedenkt man allein die Abkürzungen »USA«, »NASA«, »SALT«, »CARE« und andere. Nur war bei dem Wort Lions das Problem, daß hier das Endresultat bereits vorlag, man mußte also das Verfahren auf den Kopf stellen. Dazu wurde das ehrliche Wappentier in seine fünf Einzelbestandteile zerlegt, und man sinnierte lange über die Buchstaben L-I-O-N-S. Eine weitere Komplikation erschwerte das Unternehmen, denn die Werbestrategen des Clubs hatten sich offensichtlich darauf versteift, mit nur drei Begriffen zu operieren, so wie man es vom Dreiklang der in Amerika stets bewunderten Revolutionsparole Frankreichs »liberté – égalité – fraternité« gewohnt war. Nun, man löste dieses Problem auf eine nicht gerade elegante, aber dafür zweifellos mutige Weise, indem man die letzten drei Buchstaben zu einer Aussage zusammenfaßte: L-I-ONS. Kurz und gut, man landete auf diese Art schließlich bei einem Resultat linguistischer Kniffelei, bei einer gedanklichen Trias, die sich mit dem Wort Lions irgendwie in Verbindung bringen lassen sollte: »Liberty – Intelligence – Our Nation's Safety.« Diese buchstäblich an den Haaren herbeigezogene Aussage verlangte nun natürlich nach einer sinnvollen Interpretation, denn die gefälligen Schlagwörter allein gaben wenig her.

Freiheit als Leitwort gegen eine Politik, die den Geschäftsvorgang stört und »Business« gefährdet, ist eingängig. Auch der Ruf nach Sicherheit ist in Anbetracht der damaligen Gefährdung der Sicherheit durch deutsche U-Boote und eines möglichen Angriffs Mexikos auf die Südgrenze der Vereinigten Staaten verständlich.

Doch der Begriff Intelligence steht inmitten dieser Parolen ein wenig isoliert da, insbesondere deshalb, weil das Wort »Intelligence« im englischen Wortschatz ausgesprochen vielschichtig beziehungsweise schwammig ist: So gibt das Oxford Dictionary unter diesem Begriff allein sieben verschiedene Begriffsinhalte an. Was immer man unter Intelligence verstehen mag – an Lions-Clubs erinnert es in diesem Fall sicher nicht.

Diese kleine Einführung über das Lions-Emblem und den konstruierten Sinn des zerlegten Wortes soll nicht nur die Art und Weise näherbringen, welche Zauberkunststücke der menschenfreundliche Löwe aus Chicago zu vollbringen weiß, sondern jeden Träger des Lions-Emblems auch daran erinnern, daß er das Zeichen einer regelrechten Vergewaltigung am Rockaufschlag spazierenführt.

Entstehung

Von unmittelbarer Bedeutung für die Entstehung und erste Ausprägung des Lionismus waren die damaligen Zeitumstände, die Amerika zum Land der unbegrenzten Möglichkeiten machten. So stellten die beiden Jahrzehnte, in denen die Lions-Bewegung nach der Gründung im Jahre 1917 ihre erste, rein inneramerikanische Ausdehnung erfuhr, einen entscheidenden Wendepunkt in der Gesamtentwicklung der Vereinigten Staaten von Amerika dar: den Übergang von der Republik patriarchalisch-puritanischer Pioniergenerationen zum modernen Massenstaat. Allein die wirtschaftliche Entwicklung zwischen 1914 und 1929 war in der Tat atemberaubend – angeheizt durch das Riesengeschäft der Kriegslieferungen betrug sie während dieses Zeitraums durchschnittlich 1000 Prozent.

»Prosperity« war das Stichwort bei großen und kleinen Geschäftsleuten, und daß dieses »Es-sich-gutgehen-Lassen« weite Bevölkerungskreise und nicht zuletzt die ins Land strömenden Einwanderer in schwere soziale Not brachte, war unvermeidlich. Angesichts der in Amerika sehr spät und lediglich in begrenztem Umfang einsetzenden staatlichen Fürsorge fühlten sich zunächst die vielen kirchlichen Gemeinschaften zu sozialen Hilfsmaßnahmen aufgefordert: Zu erwähnen sind dabei Methodisten, Presbyterianer, Baptisten, Quäker und Angehörige verwandter Religionsgemeinschaften. Daß Mitglieder dieser Kirchen und eifrige Förderer auf diesem Gebiet quasi ein Doppelleben führten, indem sie sich beruflich in einer ganz anderen, auf Profit bedachten Geschäftswelt bewegten, könnte zur Gründung der ersten säkularen Service-Clubs geführt haben. Organisierter Altruismus wurde in den ersten beiden Jahrzehnten des 20. Jahrhunderts zur wahren Modeerscheinung und ein Kennzeichen engagierter Kreise der mittelständischen amerikanischen Gesellschaft – der große Club-Boom begann.

Zurückgeführt wird das Phänomen auch auf die Tatsache, daß in dem bis dahin weitgehend ländlich bestimmten Amerika die sprunghafte Entwicklung von unüberschaubar werdenden Städten ein mehr oder weniger großes Gefühl der Verlorenheit und der drückenden Vereinsamung hervorrief, das das Bedürfnis nach fest organisierten Kreisen Gleichgesinnter geradezu provozierte. Eine für den europäischen Betrachter verblüffende Beobachtung ist es, daß sich die clubfreudigen und stets auf Quantität bedachten Amerikaner von Anfang an sehr oft nicht mit der Mitgliedschaft in einem Club begnügten, sondern sich als aktive Teilnehmer gleich mehreren festen Gemeinschaften anschlossen. Ursächlich für diesen Trend dürften geschäftliche und gesellschaftliche Überlegungen gewesen sein, denn mindestens ein großzügiges Clubhaus in renommierter Lage garantierte einen entsprechenden, außerhalb der streng gehüteten Privatsphäre gelegenen Rahmen für wichtige Unterredungen und Geschäftsessen.

Melvin Jones wuchs in diese Clubwelt buchstäblich hinein, und die nach einem abgebrochenen Jurastudium angenommene Stelle bei einer Chicagoer Versicherungsfirma ermöglichte ihm eine Karriere, die typisch amerikanisch war: Knapp zehn Jahre nach seinem Eintritt in die Firma war er deren alleiniger Inhaber und Chef, und im Alter von 47 Jahren konnte er es sich erlauben, seine berufliche Tätigkeit ganz aufzugeben, um sich nur noch der Lions-Bewegung zu widmen.

Als der junge Jones im Jahre 1912 zu einem der allwöchentlich einmal stattfindenden »luncheons« des Business Circle of Chicago eingeladen wurde, geschah dies mit dem Hinweis, man wolle ihn »mit einigen Jungs bekannt machen« – die Jungs waren natürlich allesamt Chicagoer Firmeninhaber und Geschäftsleute, etwa 200 an der Zahl, und es war eine besondere Ehre für den 32jährigen Jones, von den erfolgreichen und im Durchschnitt wesentlich älteren Mitgliedern sozusagen als clubfähig betrachtet zu werden. Immerhin galt auch der Zweck des Clubs schlicht und einfach der Förderung des eigenen Geschäftsbetriebs, die Mitglieder bevorzugten sich als Kunden gegenseitig und machten auch gegenseitig Reklame für die Leistungen und Erzeugnisse des anderen. Sie trafen sich ausschließlich, um dadurch ihre eigenen Interessen voranzubringen. Ein Mitglied beschrieb die Devise des Circle wie folgt: »Wenn du mir den Rücken kratzt, kratz' ich deinen ...« Unter diesem Motto lief das Clubleben in erster Linie darauf hinaus, sich zu treffen, miteinander zu essen, sich gegenseitig wohlwollend einen Klaps auf den Rücken zu geben und den Tag als gelungen zu bezeichnen, wenn es zum Austausch lukrativer geschäftlicher Abmachungen gekommen war. Der amerikanische Romancier und Nobelpreisträger für Literatur, Sinclair Lewis, beschrieb 1922 in seinem Schlüsselroman »Babbitt« die amerikanische Clubwelt, so wie sie Jones etwa zur gleichen Zeit vorfand. Wöchentliche Mittagsmahlzeiten, sonntäglicher Kirchgang, hemdsärmelige Vitalität, beste Verbindungen, das Tabu von Gesprächen persönlicher und familiärer Art sowie Reiseberichte stehen hier als Schlagworte für den Inhalt der Versammlungen – und natürlich das ungeschriebene Gesetz: »Kein Mitglied fand die Sache in Ordnung, wenn er einem anderen Mitglied etwas abkaufen sollte, ohne dabei Rabatt zu erhalten.« Auch die Praxis, daß von jedem Erwerbszweig nur eine beschränkte Zahl in einen Club aufgenommen wurde, bürgerte sich rasch ein. Um jedoch bei der Auswahl neuer Aspiranten nicht in Schwierigkeiten zu geraten, wurde die streng praktizierte Klassifizierung einfach weiter aufgegliedert. Das folgende im Jahre 1954 veröffentlichte, aus der Praxis eines amerikanischen Clubs kommende Musterformblatt über besetzte und unbesetzte Berufsklassen könnte ebensogut von einem x-beliebigen heutigen Service-Club stammen:

Obertitel: *Automobilindustrie*

Untertitel:

1. *Automobil-Einzelhandel: C.F. Walker*
2. *Lastwagen-Großhandel: unbesetzt*
3. *Lastwagen-Einzelhandel: unbesetzt*
4. *Autozubehör-Einzelhandel: G.B. Forster*
5. *Reifen-Einzelhandel: H. W. Sands*
6. *Garagen- und Reparaturdienst: J.M. Pratt*
7. *Automobil-Lackiererei: unbesetzt*

Melvin Jones stieß dieser Geschäftsbetrieb auf der Basis der Meistbegünstigung sehr bald auf, und er setzte genau an diesem Punkt mit seinen Gedanken zur Umwandlung und Reform ein. »Es wird mir jetzt doch klar, daß man nicht weit kommt, wenn man nicht damit anfängt, sich für andere Menschen einzusetzen. Einigen von diesen Clubs wie dem Circle würde es gar nicht schaden, wenn sie langsam weise würden.« – So ein überlieferter Ausspruch Jones', dem es schon sehr bald darum ging, die gesamte amerikanische Clubidee neu zu definieren. Daß er dazu die nötige Autorität besaß, zeigt, daß er bereits nach dreijähriger Mitgliedschaft zum Geschäftsführer des 200 Mann starken Circle avanciert war und im Club ein ebenso glänzender Verhandler und Organisator war wie im Beruf. Organisierter Altruismus war von nun an der treibende Gedanke, und Jones blieb bei seinen Bemühungen um den eigenen Club nicht stehen. Kaum war er Geschäftsführer des Circle geworden, dachte er in der Kategorie einer die gesamten USA überspannenden Organisation. Tatsächlich begann er schon im Jahr 1916, eine ständig wachsende Zahl anderer Clubs in ganz Amerika anzuschreiben oder persönlich aufzusuchen, um sie für seine Idee der Ethisierung des Gemeinschaftsideals zu gewinnen.

Am 7. Juni 1917 schließlich schlossen sich 27 Clubs aus den verschiedensten Teilen der USA bei einer von Jones einberufenen Versammlung in einem Chicagoer Hotel zu einem neuen Club zusammen – wie der Name Lions zustande gekommen ist, wurde bereits geschildert.

Entwicklung

Nach der Gründung der *Association of Lions Clubs* beschäftigte Jones am allermeisten, die bisher erreichte Organisation zu vergrößern. »The bigger – the better!« – dieser Grundsatz ungeschminkt quantitativen Denkens war ihm zunächst wichtiger als Grundsatzerklärungen und theoretisches Beiwerk. Mit Zeitschrift und Abzeichen begann der Spitzenverkäufer zu akquirieren, und bereits ein Jahr nach der Gründung zählte man 48 angeschlossene Clubs. Als guter Geschäftsmann und Realist wußte Jones genau, daß sein Grundgedanke, der Einsatz für andere, nur dann aus dem Bereich begrenzter Wohltätigkeit heraus zu wirklich effektiven Leistungen führen konnte, wenn die zu mobilisierenden Kräfte der Mitstreiter entsprechend groß waren. Daß er mit dieser Ansicht recht hatte, erlebte er im Jahre 1932, als ihn Präsident Hoover zusammen mit anderen führenden Persönlichkeiten zu einer Beraterkonferenz über Wirtschafts- und Sozialfragen ins Weiße Haus lud. Auch die im Jahre 1945 an ihn ergangene Aufforderung, an den vorbereitenden Planungen für die UNO teilzunehmen, war eine Folge seiner steten Bemühungen.

»Lions International is the largest service-club organization of the world« – diese Kunde ist auch heute noch eine Tatsache, die ihre Wurzel im geradezu fanatischen Wirken eines einzelnen hat: Melvin Jones starb im Jahre 1961 als 82jähriger.

Grundsätze und Ziele

Natürlich konnte sich diese gigantische Entwicklung nicht nur aufgrund von inhaltsloser Mitgliederwerbung ergeben; ein paar ethische Grundgesetze mußten dazu schon ausgearbeitet werden – der sogenannte *Lions Code of Ethics* steht auch heute noch als bindende Verpflichtung für jedes Mitglied:

Als Lion verpflichte ich mich,

- *meinen Glauben an die Würde meines Berufes durch tätige Bemühung so zu bekunden, daß ich den Ruf verdiene, etwas geleistet zu haben.*
- *Erfolg zu suchen und jeden angemessenen Lohn oder Nutzen zu fordern als etwas, das mir zu Recht gebührt, aber keinen Nutzen oder Erfolg um den Preis des Verlustes der Selbstachtung dergestalt anzustreben, daß ich einen ungebührlichen Vorteil wahrnehme oder mich auf fragwürdige Handlungen einlasse.*

- *daran zu denken, daß es zum Aufbau meiner Existenz nicht notwendig ist, diejenige eines anderen zu zerstören; loyal zu sein zu meinen Kunden oder Geschäftsfreunden und wahrhaftig mit mir selbst.*
- *beim Auftauchen eines Zweifels an der Gerechtigkeit und Sauberkeit meiner Einstellung oder meines Verhaltens gegenüber meinen Mitmenschen einen solchen Zweifel gegen mich selbst zu richten.*
- *Freundschaft als Ziel und nicht als Mittel zum Zweck zu betrachten. Zu verstehen, daß wahre Freundschaft nicht am Dienste des einen für den anderen gemessen wird, sondern daß wahre Freundschaft nichts erwartet, aber Dienste in dem Geiste annimmt, in dem sie erwiesen werden.*
- *mir stets meiner Verpflichtungen als Bürger gegenüber meiner Nation, meinem Lande und meiner Gemeinde bewußt zu bleiben und ihnen in Wort, Haltung und Tat meine unerschütterliche Treue zu halten. Ihnen meine Zeit, meine Leistungsfähigkeit und meine Möglichkeiten großzügig zur Verfügung zu stellen.*
- *meinen Mitmenschen zu helfen, indem ich den Unglücklichen mit Trost, den Schwachen mit Tatkraft, den Bedürftigen mit meiner Habe beistehe.*
- *behutsam zu sein mit meiner Kritik und freigebig mit meinem Lob; aufzubauen und nicht zu zerstören.*

Erst sehr viel später wurden die nachstehenden Ziele von Lions International aufgestellt, die einige als notwendig erachtete Ergänzungen aufweisen:

- *den Geist gegenseitiger Verständigung unter den Völkern der Welt zu wecken und zu erhalten;*
- *die Grundsätze eines guten Staatswesens und guten Bürgersinn zu fördern;*
- *aktiv für die bürgerliche, kulturelle, soziale und allgemeine Entwicklung der Gesellschaft einzutreten;*
- *die Clubs in Freundschaft, Kameradschaft und gegenseitigem Verständnis zu verbinden;*
- *ein Forum für die offene Diskussion aller Angelegenheiten von öffentli-*

chem Interesse zu bilden, ohne jedoch politische Fragen parteiisch und religiös unduldsam zu behandeln;
- *einsatzfreudige Menschen zu bewegen, der Gemeinschaft zu dienen, ohne daraus persönlich materiellen Nutzen zu ziehen;*
- *Tatkraft und vorbildliche Haltung in allen beruflichen, öffentlichen und persönlichen Bereichen zu entwickeln und zu fördern.*

Die ersten fünf Abschnitte, also mehr als die Hälfte der ethischen Grundsätze, befassen sich mit dem Problem der Geschäftsmoral – einem Punkt, der Melvin Jones ganz besonders am Herzen gelegen war. Aus der vorangegangenen Schilderung der Entstehung der Lions-Bewegung ist dieser Gedanke durchaus verständlich, denn es galt, das Ausnutzen von Vorteilen und dubiose Geschäftspraktiken unter dem Mantel des Clubklüngels auszumerzen. Als Kernsatz ist demnach auch Abschnitt 5 zu verstehen, in dem der Begriff Freundschaft wieder auf seine ursprüngliche Bedeutung zurückgeführt wird: eine Maßnahme, die deutlich aufzeigt, wie sehr die hemdsärmelige und schulterklopfende Heuchelei verbreitet war.

Erst in den Abschnitten 6 und 7 geht der Lions Code of Ethics auf die Dinge ein, die offiziell in den heutigen Clubs Vorrang haben. Kennzeichnend für die besonderen Verhältnisse Amerikas, aber auch für die ganz persönlichen Lebenserfahrungen Jones' ist es, daß in erster Linie der ungeschmälerte Arbeitseinsatz für Aufgaben im Rahmen der Öffentlichkeit gefordert wird. Staatsbürgerliche Aufgaben also werden angemahnt, und dieser Abschnitt mag an unsere heutigen Bürgerinitiativen erinnern, doch geht es hierbei ausdrücklich um solche Initiativen, die bewußt als freiwillige Unterstützung amtlicher Stellen oder einfach als Ersatz für fehlende Einrichtungen öffentlicher Art gedacht sind, nicht jedoch um Bürgerinitiativen, die vom Protest leben. Nachbarschaftshilfe wäre deshalb der passendere Ausdruck – ein Unterfangen, das für die aus dem ländlichen Bereich stammenden Städter originär war.

Aufbauen und nicht zerstören lautet in diesem Sinne auch die letzte Forderung des Code, bei der es sich um einen in Amerika allgemein gepflegten Richtsatz moralischen Verhaltens handeln könnte. Daß es diese unkomplizierte Moral auch gestattet, im Rahmen eines großen konstruktiven Plans störende Hindernisse brutal aus dem Weg zu räumen, hat die amerikanische Geschichte bis zum heutigen Tag immer wieder neu bewiesen: Die gewissenhaft ausgeführte Aufgabe als »Weltpolizei« und blutige Kriege auf der ganzen Welt stehen dieser Moral keinesfalls im Wege.

Interessant ist der Umstand, daß einige wesentliche, beim heutigen Lionismus hervorgehobene Punkte im ursprünglichen Code of Ethics überhaupt nicht erwähnt werden. Zwar berühren die später hinzugenommenen Ziele von Lions International einige wichtige Punkte wie beispielsweise Neutralität auf politischem und kirchlichem Gebiet, Völkerverständigung etc., doch kritische Gebiete wie zum Beispiel das Rassenproblem bleiben auch heute noch unbehandelt. Dabei hätte gerade dieses zutiefst ethische Problem ein besonderes Anliegen des menschenfreundlichen Löwen aus Chicago sein müssen – doch auch die vielgepriesene Toleranz scheint unüberwindbare Grenzen zu haben.

»Lions Clubs International ist eine weltweite Vereinigung freier Menschen, die in freundschaftlicher Verbundenheit bereit sind, sich Problemen der Gesellschaft in unserer Zeit zu stellen und uneigennützig an ihrer Lösung mitzuwirken. Lions betrachten Toleranz als Grundlage menschlichen Zusammenlebens. Sie haben sich zum Ziel gesetzt,

- *materieller und seelischer Not vorbeugend und helfend entgegenzuwirken,*
- *das Gemeinwohl zu fördern und die Güter menschlicher Kultur zu wahren,*
- *für die Verbesserung der Beziehungen zwischen den Völkern und damit für die Bewahrung des Friedens einzutreten.«*

So ein Abschnitt der Lions-Faltbroschüre »Wer sind die Lions?« aus dem Jahre 1987. Wie groß die Kluft zwischen Theorie und Praxis sein kann, demonstriert eine Anekdote aus dem bereits zitierten Buch »Was heißt schon Männersache!« von Elke Müller-Mees: Da erkundigt sich ein von Lions umworbener HNO-Arzt bei seinem werbenden Lions-Patienten, ob es nicht effektiver wäre, wenn jeder von uns in der Zeit für das Mittagessen für das Mütterchen im vierten Stock einkaufen ginge. Die Folge war, daß der Arzt kein Mitglied geworden ist und einen Patienten verloren hat.

Lions International

»Die Internationale Vereinigung der Lions ist eine Hilfsorganisation Freiwilliger. Sie besteht aus über 38 000 einzelnen Lions Clubs, die unter einer internationalen Dachorganisation zusammengeschlossen sind. Die Clubmitglieder beteiligen sich an örtlichen und weltweiten humanitären Hilfsprojekten, deren Hauptbetonung auf Gesundheitsprogrammen, Gemeindediensten und Förderung internationaler Verständigung liegt.

Obwohl die Lions International die jüngste der großen Hilfsorganisationen ist, hat sie sich schnell zur größten der Welt entwickelt. Die mehr als 1,3 Millionen Mitglieder gehören Clubs in mehr als 160 Ländern und geographischen Gebieten an.«

Diese Information stammt aus dem Lions-Faltblatt »Die Lions ... Wir dienen« aus dem Jahre 1989 und demonstriert, wie es trotz mehr oder weniger strenger Mitgliederselektion zu dieser ungeheuren Ausdehnung der Lions-Bewegung gekommen ist. Zwar trägt den Löwenanteil des Clubaufkommens der nordamerikanische Raum, doch auch die über 7000 europäischen Clubs mit circa 230 000 Mitgliedern sprechen eine deutliche Sprache. Im Schnitt etwas über 30 Mitglieder versammeln sich jeweils in einem Club, und wenn die Zahl der Mitglieder über die magische Zahl 50 anzuschwellen droht, wird lieber ein neuer Club im selben Ort gegründet. Verwaltet wird die Mammutorganisation in Oak Brook, Illinois, von einem Internationalen Vorstand (Board of Directors), der von der weltweiten Mitgliedschaft auf dem Jahreskongreß gewählt wird. Über 650 District Governors nehmen die Verwaltungsgeschäfte des Lionismus auf lokaler Ebene wahr.

Lions Deutschland

»Der Wiedervereinigung steht der Lions Club International, District 111, außerordentlich positiv gegenüber, und wir haben bereits erste Ansätze zu Clubgründungen in der DDR zu verzeichnen. Wir freuen uns, daß damit das Ziel der Völkerverständigung und Völkerversöhnung auf deutschem Boden einen hervorragenden Akzent erfahren hat, und hoffen, daß wir bald in der DDR-Familie neue Lions-Freunde gewinnen können ...«

So der ehemalige District Governor 111 – Süd-Mitte, Dr. Erich Dittfus aus Neu-Ulm, und man mag mit den Gründeridealen Melvin Jones' hoffen, daß sich die neu geknüpfte Freundschaft gleich von Beginn an in tatsächlich menschenfreundlichen Bahnen bewegt und nicht ausschließlich der Züchtung hilfloser Zwangskonsumenten und willkommener Dauerschuldner dient.

763 Lions-Clubs mit 25 105 Mitgliedern zählte man in der seit dem Jahre 1951 mit Lions-Clubs bestückten Bundesrepublik am 28. Februar 1990 – das scheint auf den ersten Blick nicht sonderlich viel und deckt sich in etwa mit der Anzahl bundesdeutscher Freimaurer. Doch das bei uns elitäre Netz ist für die Mitglieder eng gewebt, und wer den Zusammenkünften brav beiwohnt und hin

und wieder einen eigenen Beitrag zur Geselligkeit leistet, hat durch die Mitgliedschaft nicht nur die Möglichkeit, vielschichtig gestreute Geldgeschenke zu plazieren, sondern auch die Gelegenheit, geschäftliche und berufliche Kontakte auszubauen und zu pflegen.

Mitglieder

Aufgenommen werden kann jede volljährige Person einwandfreien Charakters und guten Rufs – es sei denn, daß der Beruf des Aspiranten bereits mehrfach in dem avisierten Club vertreten ist. Verweigert wird die Aufnahme in der Regel auch bei einer Zugehörigkeit zu einem anderen Service-Club wie beispielsweise Rotary oder Kiwanis. Die Aufnahme kann allerdings nicht einfach beantragt werden, sondern erfolgt auf Einladung durch den Club – wer sich also durch die Mitgliedschaft einen Vorteil irgendwelcher Art erhofft, tut gut daran, sich beizeiten mit einem oder mehreren Lions-Mitgliedern anzufreunden, die eine Einladung vermitteln können. Gerüchten darüber, daß die Mitgliedschaft bei Lions käuflich zu erwerben ist, soll hier nicht nachgegangen werden, da sie vorwiegend aus konkurrierenden Ecken abgeschossen werden. Als bekannte Lions-Mitglieder in unserem Sprachraum sind unter anderem Ernst Benda, Jörg Bremer, Jupp Derwall, Werner Dollinger, Constantin von Heeremann, Bernd Heidemann, Theodor Heuss, Hansheinz Reinprecht, Kurt Schumacher, Lothar Späth, Franz Josef Strauß, Walter Wallmann und Herbert Wehner zu nennen.

Ein Lion, der erstmalig einem Club beitritt, muß neben den fälligen Beiträgen an die Internationale Vereinigung, den District und den Heimatclub eine sogenannte Eintrittsgebühr bezahlen – ein Faktor, der das honorige Lions-Mitglied vermutlich ebensowenig stört wie die Kosten für regelmäßige Zusammenkünfte und verschiedene mit dem Lions-Emblem versehene Accessoires. Jedes Mitglied kann sich wiederum in irgendeinen Club der Welt überweisen lassen – ein Umstand, der einem beruflich oder privat bedingten Umzug die Schärfe zu nehmen vermag. Bedingung für das problemlose Hinübergleiten in einen der weltweit fast 40 000 Clubs ist die Bewerbung innerhalb von sechs Monaten nach Austritt aus dem bisherigen Club.

Clubleben

Clubzusammenkünfte finden im allgemeinen zweimal monatlich statt. In der Regel werden während einer dieser Sitzungen clubinterne Probleme diskutiert und dem Zweck des Clubs dienliche Aktivitäten geplant, während die andere Zusammenkunft einer gemeinsamen Mahlzeit dient, die unter Umständen durch einen Vortrag ergänzt wird. Bei vollkommener Anwesenheit erhalten besonders treue Mitglieder Anwesenheitsauszeichnungen – vielen Lions mehr wert als eine Gehaltsaufbesserung.

Insbesondere zu den anschließend noch behandelten Hilfsmaßnahmen der Clubs sei an dieser Stelle bemerkt, daß sie laut internationaler Satzung durchaus berechtigt sind, über die Art des Clubprogramms, aber auch über die Bildung von Ausschüssen ihre eigenen Entscheidungen zu treffen.

Was für viele Lions-Mitglieder ebenfalls einen gewissen Reiz ausmacht, sind Einzelreisen oder organisierte Clubreisen zu Orten, an denen man von einem befreundeten Club betreut wird. Darüber hinaus werden weltweit gestreut Lions-Rabatte angeboten – erwähnt seien hier beispielsweise das Hotel Doge in Milano Marittima und der neue Cervia Golf-Klub.

Hilfsprojekte

»We serve« – so der einhellige Wahlspruch des Lions-Millionenheers. Im Klartext heißt das, daß Lions Geldbeträge für karitative Zwecke, aber auch Zeit für die Planung und Organisation dieser Hilfe aufbringen.

Bemerkenswerter Knotenpunkt dieser Unterstützung ist die »Lions Clubs International Foundation« (LCIF), die laut Faltprospekt *»von der Vereinigung ins Leben gerufen wurde, um mittels vorsichtiger Anwendung der von den Lions Clubs gespendeten Gelder den Ärmsten der Armen in aller Welt zu helfen«.*

In der Tat erhält die LCIF ständig Zuschußanträge aus aller Welt und gewährt Zuwendungen für Hilfsprojekte, die aus eigenen Mitteln nicht durchführbar wären. Dabei achtet die Foundation laut eigenen Angaben *»streng darauf, daß alle Spendengelder nur für sorgfältig vorausgeplante und gut überwachte Projekte eingesetzt werden – Projekte von großem sozialem Wert, die für die Begünstigten bessere Lebensbedingungen schaffen«.*

Als hauptsächliche Aktivitäten stehen:

- *Drogenaufklärung*
- *Diabeteserkennung*
- *Sichterhaltung und Blindenfürsorge*
- *Gehör- und Sprachprogramme sowie Gehörlosenfürsorge*
- *Umweltschutz*
- *Bildungshilfen*
- *Gesundheitsfürsorge*
- *Sozialprogramme*
- *Jugendaustausch*
- *Staatsbürgerliche Programme*
- *Freizeitprogramme*
- *Internationale Beziehungen*

Die Verdienste sind tatsächlich beachtenswert: Laut Clubzeitschrift »Lion« 1/89 wurden mit Hilfe von Spenden aus Europa in Höhe von 1 375 493 Dollar 5566 Eye Camps mit 196 863 Staroperationen und 1 520 755 ingesamt behandelten Patienten ermöglicht. Lions-Hilfsprojekte haben des weiteren zu folgendem geführt:

- *Ein Großteil aller Augenbanken-Unternehmen der Welt werden von Lions geleitet; innerhalb eines Jahres konnten über 8000 Hornhauttransplantationen durchgeführt werden.*
- *Spendenleistungen von mehr als 50 Millionen Dollar für Blindenforschung, Ausbildung und Rehabilitierung Sichtbehinderter.*
- *Laufende Zuschüsse für Blindenschulen.*
- *Schulung Hunderttausender von jungen Menschen, dem Drogen- und Alkoholkonsum zu widerstehen.*
- *356 000 diabetische Vorsorgeuntersuchungen innerhalb von einem Jahr.*
- *Erforschung neuer Behandlungsmethoden für diabetische Retinopathie – der Hauptursache für Erblindungen in entwickelten Ländern.*
- *Bau von örtlichen Krankenhäusern, Kinderspielplätzen und Schulen.*
- *Weltweiter Katastropheneinsatz für Überschwemmungs-, Erdbeben- und Tornado-Opfer.*
- *Anhaltende Unterstützung der Hungergebiete Afrikas.*

Kein Zweifel – der viel kritisierte organisierte Altruismus kann etwas bewegen, und wenn sich die vorwiegend männlichen Stützen dieser Projekte in exklusivem Rahmen regelmäßig zum Frühstück treffen, können eigentlich nur diejenigen gegen den Clubklüngel protestieren, denen die Aufnahme aus irgendwelchen Gründen auch immer verwehrt worden ist. Natürlich gibt es auch andere Wege, Spendengelder guten Zwecken zuzuführen, doch spricht eigentlich nichts dagegen, das Angenehme mit dem Nützlichen zu verbinden.

Damen- und Kinderprogramm

»Frauen – und in diesem Fall die Kinder ebenso – wie den Umweltschutz in der Öko-Nische zu entdecken, wo sie der besonderen Fürsorge des Mannes anheimgegeben sind, ist eine wahre Freude. Denn die Lioness ist nichts anderes als die Dame eines Lions; der Leo nur Sohn oder Tochter. Wie heißt es doch zum Familienbegriff von Lions: ›Lions Clubs bürgen für Lioness Clubs und Leo Clubs, um die gesamte Familie zu beteiligen.‹«

Dies schreibt Elke Müller-Mees in ihrem bereits zitierten Buch, und der Lions-Prospekt äußert sich dazu wie folgt:

»Lioness Clubs bieten Frauen Gelegenheit, sich an den humanitären Programmen der Lions Clubs mit zu beteiligen. Gegenwärtig gibt es in aller Welt 150000 Lionessen, die sich unter Aufwendung ihrer Zeit und Fähigkeiten für den Lionismus einsetzen . . .

. . . Die über 4000 in aller Welt tätigen Leo Clubs stehen unter der Bürgschaft einzelner Lions Clubs. Das Leo-Programm sucht in jungen Mädchen und Männern Gefühle der Mitverantwortung und Hilfsbereitschaft zu wecken und der örtlichen Gemeinde einen einzigartigen Hilfsdienst zu stellen . . .«

Leo-Clubs als Kaderschule für zukünftige Lions, und Lioness-Clubs als Abstellgleis für die Frau Gemahlin? Böse Zungen könnten so argumentieren. Zwar korrigierte die Organisation etwa zur gleichen Zeit wie Rotary International auf gerichtlich unterstützten weiblichen Druck hin die entsprechenden Punkte der Satzung (am 7. Juli 1987 in Taipeh), so daß rein theoretisch auch Frauen Lions werden dürfen. Doch an dem Passus, daß neue Mitglieder nur auf Einladung aufgenommen werden, hat sich natürlich nichts geändert – ein Pyrrhussieg also, denn wenn ein Club dies nicht will, muß er keine Frauen zur Aufnahme einladen.

Montag-Club

»... ein offenes Forum, auf dem politische und gesellschaftliche Anliegen – insbesondere die der Frauen – dargestellt werden mit dem Ziel, erneuernde Konzepte zu erarbeiten ...

... für mich eine Gelegenheit, Anregungen durch Gleichgesinnte zu bekommen, auch mal, der Einsamkeit eines Abends zu entfliehen ...

... für mich war der MC die erste (und bisher beste) Gelegenheit, nach meinem Umzug nach Bonn neue und interessante Leute kennenzulernen und Freundschaften zu schließen ...

... ein Forum, wo ich Leute treffen kann, bei denen ich mit manchen Vorurteilen und Klischees nicht rechnen muß, die ich bei den üblichen gesellschaftlichen Kontakten erlebe ...

... durch seine Angebote sind menschliche Begegnungen möglich, bei denen Informationen und Denkanstöße vermittelt werden ...

... er unterscheidet sich wohltuend von üblichen, von Männern beherrschten Clubs, aber auch von reinen Feministinnen-Gruppen ...

... ich hab' die Angst vor anderen, besonders vor emanzipierten Frauen, verlernt ...

... eine Möglichkeit, aus dem eigenen Schneckenhaus herauszukommen, weil man feststellt, daß die anderen aus dem ihren auch herauskommen wollen ...

... ein diskussionsfreudiger Verein ...«

Diese Zitate aus der Reihe der knapp 500 Mitglieder des Montag-Clubs sprechen eigentlich eine deutliche Sprache. Der unkonventionelle Club für politische und gesellschaftliche Kontakte verzichtet auf übertriebene Mitgliederselektion, ist völlig unabhängig und mit einem Jahresbeitrag von 90 Mark (18 Mark für Auszubildende) für alle erschwinglich.

Ziele

Im Laufe des Jahres 1967 trafen sich auf eine Initiative von Annemarie Renger und Hannelore Fuchs hin von Woche zu Woche immer mehr Frauen, um einen verbreiteten Mißstand zu beenden: Veranstaltungen mit politischem oder gesellschaftspolitischem Inhalt sollten nicht länger eine Männerdomäne sein, bei der die wenigen anwesenden Frauen nichts zu sagen haben.

Es wurde somit am 11. Dezember 1967 ein Forum gegründet, bei dem sich Frauen nicht nur über wichtige Vorkommnisse und Entwicklungen informieren können, sondern das ihnen darüber hinaus eine Gelegenheit bietet, Selbstbewußtsein zu erwerben und zu pflegen.

Nicht ganz zehn Prozent der Mitglieder sind Männer, wenn der Club zu Vorträgen, gesellschaftlichen Veranstaltungen, Arbeitskreisen, Reisen und Weinproben lädt – kein reiner Frauenclub also, aber doch überwiegend von engagierten Frauen frequentiert.

Themen

Als anschaulichste Antwort auf die Frage nach dem Inhalt des Clubs steht eine repräsentative Aufstellung der Themen dreier Jahre aus zwei Jahrzehnten. Diese und ebenso alle übrigen Themen sind – untertrieben formuliert – nicht nur von durchgehender, fesselnder Kurzweil, sondern geradezu obligat für alle am Leben interessierten Menschen:

1970 – Gleichberechtigung und Emanzipation
Dr. Dorothea Frandsen, Dr. H. Engelbrecht, Dr. Glas, Hilde Junker-Seeliger
– Jugend im Konflikt
Dipl. Psych. Erika Sommer
– Entwicklung der Literatur in der DDR
Gregor Laschen
– Fernsehen – nach Geschlechtern getrennt?
Werner Höfer
– Einschränkung wirtschaftlicher Macht durch Fusionskontrolle
Dr. Wolfgang Pohle (MdB), Prof. Dr. Peter Raisch
– Vorstellung der Landtags-Kandidaten im Wahlkreis 21
– Ehescheidungs- und Unterhaltsrecht
Bundesjustizminister Gerhard Jahn
– Der Maoismus – etwas Neues unter der Sonne?
Klaus Mehnert
– Warum sind die Kirchen leer?
Pfarrer Klaus Lohmann, Pater F. J. Stendebach
– Frauen fragen – Politiker antworten
Appel-Runde im ZDF

- Die Unterdrückung der Frau ist vor allem am Verhalten der Frau selber zu erkennen
  Film und Diskussion mit Helmuth Costard
- Die Justiz und die Herausforderung der Zukunft
  Dr. Theo Rasehorn
- Kybernetik und Ideologie
  Peter F. Streichan
- Goldenes Herz – eiserne Schnauze
  Tucholsky-Abend mit Jens Eggert
- Drogendiskussion
  mit Dr. Lilian Barth (»Bonnys Ranch«, Berlin)

1981
- Ende der Hausfrauenehe
  Dr. Barbara Wiegmann
- Drei Frauen allein durch Indonesien
  Else Rieser
- Wagen wir sexuelle Freiheit?
  Oswald Kolle, Prof. Bruni Wagner
- Wochenende über Gestaltgruppenarbeit/Selbsthilfegruppen (LöF)
  Jürgen Matzat, Gießen; Karin Fuchs, Köln
- Mütter und Söhne
  Barbara Franck
- Informationsabend des AK Schulbücher-Initiative
- Recklinghäuser Festspiele – Der Kaukasische Kreidekreis
- Eine Frauenbeauftragte – was macht sie?
  Eva Rühmkopf, Hamburger Senat
- Sonntags-Schiffahrt Bonn–Andernach–Bonn
- Strahlende Zukunft – Film über die Auswirkungen der Kernenergie
  Diskussion mit Dr. Hariolf Grupp
- Raus aus der diktierten Rolle (VI)

Tagesseminar über Wohngemeinschaften – mit Dieter Korczak, Michael Brümmer
- Besuch im Bonner Frauenmuseum
- Perspektiven für das Alter
  Trude Unruh (Graue Panther), Teresia Brechmann; Seniorenmusikgruppe Bonn
- Einstellung zu ausländischen Arbeitnehmerinnen – ein neuer Rassismus?
  Liselotte Funcke u. a.
- Der faschistische Alltag, Frauen im »Dritten Reich«
  Gerda Zorn
- Am Anfang war Erziehung
  Gespräch über die Bücher von Alice Miller
- Aus der Welt der Lebensretter – Stand der §-218-Diskussion
  Susanne von Paczensky
- Gespräche im Europäischen Parlament
  mit Heidi Wieczorek-Zeul (MdEP), Heinz Oskar Vetter (MdEP)
- Weltmacht Droge
  Hans Georg Behr
- 14 Jahre Montag-Club
  Familienfest im Kelternhaus

1989
- Raus aus der diktierten Rolle – Schwerpunkt: Wohin mit meiner Wut?
  Tina Arndt
- Männer lassen lieben
  Wilfried Wieck
- Ihm zuliebe?
  Irmgard Hülsemann
- Die GRÜNEN nach Berlin
  Dr. Antje Vollmer (MdB)

- Besuch der Käthe-Kollwitz-Sonderausstellung in Köln
- Gordon-Frauentraining
  Karlpeter Breuer/Magda Nitzschke
- Bewunderung
  Anja Meulenbelt (mit AKZENT-Buchhandlung und Fraueninitiative 6. OKTOBER)
- Besuch der Ausstellung »Die Bonnerinnen«
- Loslösung von den Eltern
  Helga Russ
- Auswirkungen von Gewaltvideos auf Kinder
  Dr. Renate Luca-Krüger
- Menschen für Menschen
  Karlheinz Böhm
- Auf die Bäume, ihr Affen
  Hans A. Pestalozzi
- Wilhelm II., der Wegbereiter für Hitler?
  John C. G. Röhl
- Männer lassen lieben (2. Lesung)
  Wilfried Wieck
- Der Prozeß von Memmingen
  Dr. Horst Theissen, Renate Sadrozinski
- Frauen der ersten Stunde
  Antje Dertinger
- Besuch im Landtag von NRW und der Kunstausstellung Düsseldorf
- Krankheit als Weg
  Dr. Rüdiger Dahlke
- Ihr und wir – wir und ihr – warum nicht: wir zusammen?
  Bahman Nirumand, Rosi Wolf-Almanasreh, Erol Esen
- Besuch in der Berlinvertretung
  bei Senatorin Heide Pfarr

- Der Vampirmann
  Volker Elis Pilgrim
- Menschenskinder
  Lesung mit Autorinnen des gleichnamigen Verlages, Matinee
- Besuch im Deutschen Bundestag
- Weggenossinnen
  Edith Börner und Uta Schutte (22 Jahre Montag-Club)

Über diesen Club kann im Prinzip nicht viel mehr geschrieben werden, da jede weitere Zeile als Werbung ausgelegt werden könnte – schade lediglich, daß der Montag-Club eigentlich nur für Bewohner des Bonner Umfeldes in Frage kommt, so daß eine flächendeckende Gründung ähnlicher Zirkel wärmstens empfohlen werden kann.

Odd Fellows

Aufgrund vieler Gemeinsamkeiten gaben die Odd Fellows im Laufe der Geschichte des öfteren Anlaß zu Verwechslungen mit regulären Freimaurer-Logen. Zwar mag das Gedankengut auf den ersten Blick der Freimaurerei entlehnt sein, und auch die allgemeine Darstellung als Geheimbund könnte für eine enge Verwandtschaft sprechen, doch beide Organisationen distanzieren sich in aller Deutlichkeit voneinander, so daß diesem Wunsch nicht widersprochen werden soll.

Als hervorstechendes Merkmal dieses Ordens steht der Zweig der Rebekkas, weltweit arbeitender Frauenlogen, über die in einem gesonderten Kapitel berichtet wird.

»In der heutigen Massengesellschaft, in der Besitz, wirtschaftliche Interessen und materielles Denken bestimmend sind, fühlen sich viele Menschen unbefriedigt und überfordert. Hier hat die Loge eine Aufgabe zu erfüllen; die Mitgliedschaft kann also eine Lehre fürs Leben sein. Die humanitäre Zielsetzung und die gemeinsame Arbeit verbindet uns und führt zu herzlichen und tiefen Freundschaften innerhalb des Ordens im In- und Ausland.

Diese Freundschaften werden durch gemeinsames Erleben gefestigt und beziehen oft die ganze Familie mit ein.

In der Gemeinschaft der Loge, in der treue Freundschaft in guten wie in bösen Zeiten geübt wird, findet der Mensch immer wieder Unterstützung und Bestätigung.

In einem solchen Kreis kann man sich nach anstrengender Tagesarbeit auf den Sinn des Lebens besinnen und zu einer höheren Lebensauffassung gelangen.«

Dieses Statement aus einer Selbstdarstellung des Ordens, das stellvertretend für die meisten anderen Organisationen und somit für dieses Buch stehen könnte, zeigt, wie sehr sich die verschiedenen Zirkel im Prinzip ähneln. Doch ganz im Zeichen unserer Zeit, in der es nicht nur ein Grippemittel, Waschpulver etc. gibt, sondern eine Vielfalt von ähnlichen Varianten, existiert auch im Bereich exklusiver Clubs, Zirkel und Orden eine für den Laien verwirrende Überlagerung von Form und Zielsetzung der einzelnen Organisationen. Schwerpunkt dieses Buches ist somit auch, vorhandene Alleinstellungsmerkmale der behandelten Vereinigungen aufzuzeigen.

Geschichte

Zwei Deutungen kursieren um die Entstehung dieses Ordens, die zu Anfang des 19. Jahrhunderts angesiedelt wird. Gestützt werden die beiden Thesen auf einen unterschiedlichen Sinn des Wortes »odd«, das sowohl »überzählig« als auch »seltsam« bedeuten kann.

Die eine Legende geht davon aus, daß bei ständiger Erschwerung der Erlangung des Freimaurer-Meistergrads immer mehr Gesellen »überzählig« geblieben seien, für deren Versorgung im Krankheitsfall keine Bauhütte zuständig war.

Die andere Version geht von Schauspielern aus, die nach ihren Vorstellungen kostümiert zusammentrafen und somit für Außenstehende »seltsam« aussahen.

Aufgrund der recht umfangreichen Hilfeleistungen der Odd Fellows darf man jedoch vermuten, daß sie sich unter Umständen doch von den Freimaurern abgespalten haben, um einen Verband zu gründen, der nicht nur ideelle Ziele verfolgte, sondern auch eine eigene Berufskrankenkasse unterhielt.

Die Gründung der ersten Großloge erfolgte im Jahre 1803 in London, doch wurde die Idee bereits drei Jahre nach der Logengründung nach Amerika exportiert. Karitativ sehr stark engagiert, entwickelte sich der Orden in den Vereinigten Staaten geradezu stürmisch, da bei den amerikanischen Logen der Odd Fellows, denen hauptsächlich Arbeiter angehörten, insbesondere die ordenseigene Berufskrankenkasse eine große Rolle spielte – auch heute noch liegt der Schwerpunkt des Odd-Fellow-Ordens in den Vereinigten Staaten sowie in Kanada.

In der zweiten Hälfte des 19. Jahrhunderts kehrten die solchermaßen erstarkten Odd Fellows nach Europa zurück und gründeten im Jahre 1870 in Stuttgart die erste europäische Loge. Die Kontinuität, die die Entwicklung des Ordens in Europa aufwies, wurde – ebenso wie bei anderen, ähnlichen Organisationen auch – in Deutschland durch das nationalsozialistische Regime unterbrochen. Zu dieser Zeit verboten und aufgelöst, konnten neue Logen erst nach Ende des Zweiten Weltkriegs ins Leben zurückgerufen werden. Daß der Orden mittlerweile nicht zu den Kleinsten gehört, belegt seine heutige Ausdehnung in nahezu allen demokratischen Ländern Europas, in Nordamerika, Australien, Neuseeland sowie in einigen Staaten Südamerikas: Rund 600 000 Mitglieder versammeln sich derzeit in weltweit 12 000 Logen, in der Bundesrepublik Deutschland bestehen 42 Logen mit insgesamt etwa 1500 Odd Fellows.

Doch auch die Zeiten haben sich geändert, und aus der ehemaligen Notgemeinschaft von Handwerkern und Gewerbetreibenden des 19. Jahrhunderts ist laut Vereinszeitschrift *»eine Vereinigung geworden, deren Leitgedanke neben Humanität und Toleranz die Nächstenliebe ist«.*

Weltbild

Um dieses Ziel zu erreichen, versuchen sich die Odd Fellows durch verschiedene Maßnahmen zu »besseren Menschen« zu erziehen, wobei als Grundpfeiler des Ordens die Begriffe Freundschaft, Nächstenliebe und Wahrheit stehen – dargestellt im Symbol der Odd Fellows, drei ineinandergreifenden Kettengliedern.

»Der Odd Fellow glaubt an die Existenz eines höheren Wesens als Schöpfer und Erhalter des Weltalls. Alle Odd Fellows betrachten sich als Schwestern und Brüder. Der Orden verkündet keine Religionslehre und damit keine Dogmen. Seine Mitglieder erstreben das friedliche Zusammenleben aller Menschen dieser Welt.«

Zu diesem Bekenntnis gesellen sich als Ziele des Ordens die oben bereits erwähnten Stützen wie die Pflege treuer Freundschaften, die Ausübung der Nächstenliebe sowie das Streben nach Wahrheit. Hinzu kommen Punkte wie beispielsweise die Festigung des Charakters, die Suche nach dem Sinn des Lebens, die karitative Tätigkeit, die Pflege des Geistigen und Kulturellen sowie die Förderung der Familie. Ein weites Programmspektrum, das für einen beruflich oder geschäftlich orientierten Interessenklüngel eigentlich keinen Platz lassen sollte. Ob dieser Auffassung auch die geheimbündlerisch anmutenden vertraulichen Rituale, Symbole und Kennworte dienlich sind, könnte bezweifelt werden, und auch die eigene Aussage des Ordens bestätigt diese Annahme:

»Die Existenz eines solchen Brauchtums sowie die Tatsache, daß Außenstehende zu den internen Sitzungen keinen Zutritt haben, hat die Phantasie mancher angeregt, hier allerlei Absonderliches und Geheimnisvolles zu vermuten. In Wahrheit bestehen unsere Geheimnisse lediglich aus einer Reihe von überlieferten Zeichen und Kennworten, mit denen sich ein Odd Fellow ausweist, damit er auch andernorts in jeder Odd-Fellow-Loge als

Bruder erkannt wird und Beistand erhalten kann. Dies hatte nicht nur in der Entstehungszeit unseres Ordens seinen guten Grund . . .«

Welcher tatsächliche Grund in der heutigen Zeit dafür sprechen sollte, sich auf diese konspirative Art als Odd Fellow auszuweisen, mag ein weiteres Geheimnis des Ordens bleiben. Ein wenig skurril darf es aber schon anmuten, wenn sich erwachsene Männer, die laut Statuten keinem geheimdienstlichen Auftrag nachgehen, mit solchen merkwürdigen Spielchen abgeben.

Karitative Arbeit

Die vor mehr als hundert Jahren formulierten vorrangigen Pflichten eines Odd Fellow – *»den Bedrängten zu helfen, die Kranken zu besuchen, die Toten zu bestatten und die Waisen zu erziehen«* – haben bis heute ihre Gültigkeit nicht verloren. Im Gegensatz zur immer noch gepflegten Geheimbegrüßung jedoch wurde die Art der Hilfeleistung den heutigen Bedürfnissen angepaßt, so daß das karitative Element von der direkten Linderung materieller Not über die Bildung von Fonds und menschlichem Beistand bis hin zu Versuchen reicht, sich auch seelischer Bedrängnis anzunehmen.

In der Weltöffentlichkeit fand der Orden Anerkennung, indem man ihm wegen seines karitativen, menschlichen und völkerverbindenden Wirkens als einzigem humanitärem Orden den Status eines ständigen Beobachters bei den Vereinten Nationen zuerkannte.

Internationale Hilfeleistungen zeigen sich unter anderem in:

- *Einrichtung und Unterstützung der Weltaugenbank*
- *Gründung der Educational Foundation (Fonds zur Ausbildung von Jugendlichen)*

- *World Hunger and Desaster Fonds (Welthunger- und Katastrophenfonds)*
- *Odd Fellow United Nations Pilgrimate for Youth (ein Fonds, der den Gedanken der UNO bei den amerikanischen Jugendlichen fördern soll und Studienfahrten zur UNO unterstützt)*
- *Unterstützung und Unterhaltung von Krankenstationen, Blindenheimen, Leprazentren etc.*

Die deutschen Odd Fellows unterstützen unter anderem:
- *Einrichtungen für geistig und körperlich Behinderte*
- *Altersheime*
- *Erdbebenopfer*
- *Rettungswagen für Hilfsorganisationen*
- *Hungernde in der Welt*
- *Jugendaustausch usw.*

Eine ganze Menge an Hilfsaktionen also, die größtenteils durch Mitgliederspenden, Sammlungen und Basarerlöse finanziert werden. Doch die karitative Arbeit ist nur eine der Ordensgrundlagen: Vordergründig für die jeweilige Loge ist die Arbeit am Zusammenhalt der Mitglieder, denen das Logenleben durch gesellige Veranstaltungen sowie durch ernste Gespräche über tiefschürfende Themen schmackhaft gemacht wird.

Mitgliederstruktur

Rassen- oder Bildungsschranken sind den Odd Fellows laut eigener Aussage fremd. Nationalität und politische Zugehörigkeit der Mitglieder sind für den Orden nicht von Bedeutung. So setzen sich die Logen aus Angehörigen aller Berufe, Gesellschaftsschichten und

Altersstufen zusammen – Voraussetzungen für eine Mitgliedschaft sind jedoch:

- *Vollendung des 20. Lebensjahres*
- *guter Ruf*
- *Gesundheit und die Möglichkeit, »seine Familie zu ernähren«*
- *Glauben an den »Schöpfer der Welt« und religiöse Aufgeschlossenheit*
- *Übernahme aller vom Orden übertragenen Pflichten*

Doch welche Zeitgenossen sind das, die wegen eines geselligen Clublebens und wegen zentral gesteuerter Karitas einem Orden wie den Odd Fellows beitreten?

»Als neue Mitglieder unseres Ordens suchen wir Menschen, die nicht nur unsere Grundvorstellungen teilen, sondern auch bereit und in der Lage sind, sich hierfür tatkräftig zu engagieren.

Wir wollen dabei keineswegs eine Ausbreitung des Ordens um jeden Preis. Für wesentlich wichtiger halten wir, daß Menschen, die sich unserem Orden anschließen, auch wirklich zu uns passen, daß sie im Laufe der Zeit denken und handeln, wie wir es von einem Mitglied des Odd-Fellow-Ordens erwarten.«

Eine oberflächlich betrachtet vernünftig klingende Ansicht, die tatsächlich nicht jedermanns Geschmack treffen kann, denn der letzte Satz dieses Statements könnte ebenso heißen: *»Wir suchen Menschen, die so wenig eigenes Rückgrat haben, daß sie sich leicht und ohne besonderen Aufwand für unsere Zwecke umformen lassen ...«* Daß dieser Verdacht nicht so ganz aus der Luft gegriffen ist, zeigt ein kleiner Einblick in den Logenalltag, in dem ein strenges Regiment geführt wird.

Logenleben

Die Odd Fellows sind laut einer Werbebroschüre aufgefordert, *»sich vom Egoismus zu befreien, Toleranz zu lernen, Nächstenliebe praktisch auszuüben und damit den persönlichen Alltag zu bereichern«*. Das sind erstrebenswerte Ziele, die sich nicht nur die Mitglieder dieses Ordens zur täglichen Übung vorknöpfen sollten. Doch wie der Orden in der genannten Broschüre den Begriff Freundschaft definiert, könnte den durchschnittlichen Mitteleuropäer ein wenig überfordern:

». . . Sie gehen einen gemeinsamen Weg, einer paßt auf den anderen auf. Plötzlich eine Abweichung – . . .

. . . Jeder hat den anderen Bruder im Auge . . .

. . . Logenabend – was ist los? Keine Entschuldigung, kein Anruf. Ist etwas passiert, oder ist er nur versumpft oder krank, vielleicht abgelenkt? . . .

. . . Ein Anruf, eine Karte, ein Brief – wir fordern eine Reaktion . . .

. . . Deshalb führen wir eine Anwesenheitsliste . . .

. . . Deshalb ernennen wir Paten für neue Brüder . . .

. . . Deshalb setzen wir Ausschüsse ein, und aus diesem Grund wird bei jeder Hallensitzung gefragt, ob Brüder unserer Hilfe und des Zuspruchs bedürfen. . . .

. . . Wenn uns ein Bruder oder eine Schwester aus dem Auge kommt, weil er oder sie sich geistig oder geographisch entfernt, dann haben wir den Auftrag des Grades unserer Freundschaft nicht erfüllt . . .

. . . Paßt aufeinander auf . . .«

So steht es auszugsweise unter dem Kapitel »Freundschaft – Grad der Sicherheit«, und es ist ganz klar ersichtlich, daß dieser Begriff hier in eine völlig neue Richtung strapaziert wird. Freundschaft, seit Sokrates eine der Grundtugenden, setzt nach herrschender

Meinung innere und äußere Freiheit voraus und ist selbst Träger einer Steigerung der inneren Freiheit. Davon ist bei den Odd Fellows nun wirklich nichts zu erkennen – im Gegenteil: Die hier praktizierte Freundschaft scheint viel eher einer aufdringlichen Kontrolle gleichzukommen, die den Bestand auf Dauer sichern soll. Fast schon gegen die guten Sitten, daß interessierte Bewerber auch mit den Begriffen Toleranz und Freiheit geködert werden, denn der auf eine strenge Erziehung ausgerichteten Ordensstruktur sind diese Begriffe ziemlich fremd.

Wirklich nicht jedermanns Sache, doch wer meint, mit diesem Stil zurechtzukommen, findet mit Sicherheit eine große Schar Gleichgesinnter – und außerdem: Wer hilft, hat immer recht ...

Pour le mérite

»Ich schulde Ihnen, meine Damen und Herren, nun noch eine Antwort auf die Frage: Was tut das Kapitel eigentlich? Wir versammeln uns jedes Jahr in Bonn, wo wir als Gäste unseres Protektors, des Herrn Bundespräsidenten, an seinem Dienstsitz unsere Kapitelsitzung halten; dort besprechen wir unsere Geschäfte und füllen die vakant gewordenen Plätze durch Zuwahlen auf. In einer öffentlichen Sitzung, für die uns der Rektor der Rheinischen Friedrich-Wilhelm-Universität bereitwillig vorläufiges Heimatrecht gewährt, ehren wir unsere Toten und geben einem unserer Mitglieder das Wort, um Fragen, die ihn beschäftigen, aber auch die Allgemeinheit angehen, zu behandeln.

Außerdem kommen die Mitglieder, die Zeit haben, im Frühjahr an wechselndem Ort zusammen, um in zwangloser Form Probleme zu diskutieren, die uns allen, den Geistes- und den Naturwissenschaftlern sowie den Künstlern, zu schaffen machen – keine Bandaufnahme hält das Ergebnis fest, kein Pressemann erhält Gelegenheit, darüber zu berichten. Gesprochen haben wir – ich greife einige Themen heraus – über das Wesen der Tradition und das Widerstandsrecht, über die Frage, ob das Wort heute noch ausreicht, um auszudrücken, was wir auszusagen haben, über das Verhältnis von Intuition und Fleiß und so fort.

Jedesmal stellen wir beglückt fest, daß es Grundprobleme gibt, die uns alle angehen und bei deren Erörterung wir auf eine gemeinsame Plattform treten: wir, die wir durch unsere Berufe so verschieden sind. Auf diese Weise sind wir auch menschlich zusammengewachsen. Wir respektieren einander, hören aufeinander, fühlen uns zusammengehörig; ja, ich darf wohl sagen: Wir sind seit der Erneuerung des Ordens zu einem Bund von Freunden zusammengewachsen.

Damit glaube ich auf alle Fragen, die durch unseren Jubiläumstag aufgeworfen wurden, eingegangen zu sein.

Zusammenfassend stelle ich fest:

Das Kapitel des 1842 begründeten Ordens ›Pour le mérite für Wissenschaften und Künste‹ hat keine Aufgabe im strengen Sinne dieses Wortes. Wir treten auch nicht – uns Geltung in der Öffentlichkeit anmaßend – mit Forderungen und Mahnungen hervor. Wir begnügen uns mit der Rolle, seit 1842 dazusein und die von Friedrich Wilhelm IV. im Bunde mit Alexander von Humboldt begründete Tradition fortzusetzen – fortzusetzen über die Umbrüche von 1918, von 1933, von 1945 hinweg. Preußen existiert nicht mehr, Deutschland hat sich in den verflossenen 125 Jahren völlig verwandelt, die Welt hat seither ein anderes Gesicht gewonnen, aber wir sind noch da und rechnen damit, daß unsere Nachfolger die Tradition fortführen: Tradition im recht verstandenen Sinne, das heißt: Überholtes preisgebend und zugleich ringsum spähend, wo sich Zukunftsträchtiges abzeichnet; Garanten der wissenschaftlichen und künstlerischen Kontinuität, die trotz aller Umbrüche, trotz allen Wandels das Einst, das Heute und die Zukunft unseres geistigen Daseins miteinander verbindet.«

Dieser Auszug aus einem im Jahre 1967 von Percy Ernst Schramm gehaltenen Vortrag anläßlich des 125. Jahrestages der Ordensgründung besticht sowohl durch seine klare Aussage als auch durch den straffen Informationsgehalt – ein Beispiel, das sich in den Repräsentationsmappen vieler anderer Personenvereinigungen niederschlagen sollte.

Ergänzend zu dieser über 20 Jahre alten, jedoch immer noch gültigen Betrachtung sei anzuführen, daß der Name des Ordens pour le mérite bis auf den Zusatz »für Wissenschaften und Künste« mit dem des Kriegsordens identisch ist, den Friedrich der Große im

Jahre 1740 in erster Linie für Verdienste um Heer und Staat gestiftet hat – ein Umstand, der des öfteren Anlaß zur Verwechslung bietet.

Dieser Orden ist also – im Gegensatz zum Bundesverdienstkreuz u. a. – keine Dekoration und kein Ehrenzeichen im üblichen Sinne; das Ordenszeichen bedeutet lediglich das sichtbare Signum der Zugehörigkeit zu einem bestimmten Kreis.

Auch wird dieser Orden nicht, wie das sonst bei fast allen anderen Orden der Fall ist, verliehen – etwa durch das Staatsoberhaupt, beispielsweise beim »Order of Merit« in Großbritannien, oder durch eine öffentliche Institution –, sondern die inländischen Mitglieder wählen als Angehörige einer freien Ordensgemeinschaft gemeinsam jeweils ein neues Mitglied in eine frei gewordene Mitgliedslücke.

Entwicklung

Im Sinne des preußischen Königs Friedrich Wilhelm IV. wie im Zuge der Zeit mag es gelegen haben, daß »das ganze Deutschland« teil an einem Orden haben sollte, der für Angehörige der Wissenschaft und Künste bestimmt war. Was auf dem Felde der Politik damals nicht unmittelbar erreichbar schien, sollte wenigstens auf dem des Geistes verwirklicht werden – aber doch völlig anders, als es der Ordensgründer von seiner freimaurerisch durchzogenen Verwandtschaft kannte. Als wichtiger Mentor des solchermaßen engagierten, jedoch in seinen letzten Lebensjahren dem Wahnsinn verfallenen Königs tat sich der Naturforscher und Universalgeist Alexander von Humboldt hervor, dessen Ansehen weit über Deutschlands Grenzen hinausreichten.

Dem am 31. Mai 1842 gebildeten Kapitel des Ordens gehörten

laut Satzung 30 deutsche Mitglieder an, darunter so imposante Zeitgenossen wie der Philosoph Schelling, der Philologe Boeckh, der Germanist Jakob Grimm, der Geograph Carl Ritter, der Physiologe Johann Müller, der Mathematiker Gauss, die Bildhauer Rauch und Schadow, die Maler Cornelius, Schwanthaler und Schnorr von Carolsfeld sowie die Dichter Tieck, Rückert und A.W. Schlegel. Dazu kamen 26 ausländische Mitglieder aus Dänemark, England, Frankreich, Italien, Rußland und Schweden sowie ab 1860 als erstes außereuropäisches Mitglied ein Nordamerikaner.

Die zwangsläufig unterlassenen Zuwahlen ab dem Jahre 1933 und die ungeklärte Ordensführung während des Dritten Reichs führten dazu, daß im Jahre 1949 nur noch drei Mitglieder aus der Zeit vor 1933 lebten, unter ihnen Wilhelm Furtwängler. (Albert Einstein zog es vor, auszutreten.)

Auf Initiative von Theodor Heuss wurde der Orden pour le mérite nach dem Krieg wieder zu neuem Leben erweckt, so daß im Jahre 1952 27 neue Mitglieder gewählt wurden. Ab 1954 wurde mit der Aufnahme von sieben ausländischen Mitgliedern auch der Brauch der Zuwahl von Ausländern wieder eingeführt, unter ihnen Niels Bohr, Carl J. Burckhardt, Hermann Hesse und Albert Schweitzer.

Statuten

»Die ›Idee des Ordens‹. Sie ist im einzelnen schwer definierbar, aber in ihrem Kern in wenigen Worten festgelegt, die im wesentlichen – mit einer Ausnahme – schon in der Satzung von 1842 stehen. Danach ist der Orden eine Gemeinschaft ›von Männern und Frauen, die durch weit verbreitete Anerkennung ihrer Verdienste in der Wissenschaft oder in der Kunst einen ausgezeichneten Namen erworben haben‹. Niemand wird behaup-

ten wollen, am wenigsten das Kapitel selbst, daß dieses Ideal zu jeder Zeit und in jedem einzelnen Fall erreicht worden ist. Trotzdem bleibt die Idee und muß immer unverrückbar bestehenbleiben, an ihr orientiert sich der Orden.«

Dieser Ausspruch von Ordensmitglied Kurt Bittel versinnbildlicht eine, verglichen mit den meisten anderen Clubs, völlig neue Clubidee: Abgesehen von den strengen Auswahlkriterien gewährleistet dieser Orden wie keine andere Organisation insbesondere deshalb tatsächliche Freiheit, weil weder 14tägliche Treffen noch ein hochgestochener missionarischer Anspruch gefordert werden. In diesem Sinne zeigt sich auch die heute gültige Satzung aus dem Jahre 1963 (ergänzt 1969), in der als weitere, bedeutsame Passagen stehen:

». . . den Charakter einer freien Vereinigung von hervorragenden Gelehrten und Künstlern erhalten hat . . .

. . . Die Mitglieder des Ordens müssen deutsche Staatsangehörige sein. Es können jedoch auch Angehörige anderer Staaten, die seit Jahren als Gelehrte oder Künstler in Deutschland leben und wirken, zu Mitgliedern gewählt werden . . .

. . . Die Zahl der Mitglieder des Ordenskapitels ist auf dreißig festgesetzt; sie wird nach dem Ausscheiden eines Mitglieds jeweils wieder ergänzt.

Von diesen Mitgliedern sollen in der Regel je zehn auf die Geisteswissenschaften, die Naturwissenschaften und die Künste entfallen . . .

. . . Außer den dreißig Mitgliedern des Kapitels kann das Kapitel auch Angehörige anderer Staaten zu Mitgliedern des Ordens wählen. Die Zahl der ausländischen Mitglieder soll die der Mitglieder des Kapitels nicht übersteigen; bei ihrem Ausscheiden sollen Ersatzwahlen nicht erforderlich sein . . .«

Mitglieder

Der Orden muß seine Mitglieder nicht verstecken – es sind durchwegs Kapazitäten auf ihrem Gebiet, und die nachfolgende Wiedergabe des aktuellen Mitgliederverzeichnisses mit einem knapp 20prozentigen Anteil von Nobelpreisträgern mag durchaus Respekt einflößen. Auffallend ist jedoch bei Betrachtung der Geburtsjahre (bei den beiden weiblichen Mitgliedern charmanterweise verschwiegen) das hohe Durchschnittsalter und das im Schnitt ebenfalls hohe Eintrittsalter der Mitglieder. Ein Pensionistenclub ohne Sinn und Aufgabe, in dem sich hochdekorierte Vertreter aus Wissenschaft und Kunst zu selbstgefälligen, jährlichen Rückblicken treffen? »Why not?« – sie haben es vermutlich verdient: allein deshalb, weil sich der Orden ganz offen dazu bekennt, als einzige Aufgabe die Tradition zu pflegen, wissenschaftliches und künstlerisches Gedankengut an seine Nachfolger weiterzugeben.

Deutsche Mitglieder des Ordens (Stand: Juli 1990) mit Geburtsjahr (Aufnahmejahr):

- Prof. Dr. Dr. h.c. Hansjochen Autrum
  Zoologe, 1907 (1977)
- Prof. Dr. Dr. h.c. Bernhard Bischoff
  Paläograph, 1906 (1985)
- Prof. Dr. Dr. h.c. Kurt Bittel
  Archäologe, 1907 (1967)
- Prof. Dr. Dr. h.c. mult. Adolf Butenandt
  Biochemiker, 1903 (1962) – Nobelpreis 1939
- Prof. Dr. Dr. h.c. mult. Helmut Coing
  Rechtsgelehrter, 1912 (1973) – Kanzler des Ordens
- Prof. Dr. Dr. h.c. Manfred Eigen
  Chemiker 1927 (1973) – Nobelpreis 1967

- Staatsrat Prof. Dr. Dr. h.c. Theodor Eschenburg
  Politologe, 1904 (1968)
- Prof. Dr. h. c. mult. Dietrich Fischer-Dieskau
  Kammersänger, 1925 (1984)
- Prof. Dr. Dr. h.c. Horst Fuhrmann
  Historiker, 1926 (1986)
- Prof. Dr. Dr. h.c. mult. Hans-Georg Gadamer
  Philosoph, 1900 (1971)
- Prof. Rolf Gutbrod
  Architekt, 1910 (1971) – 2. Vizekanzler des Ordens
- Prof. Dr. Dr. h.c. mult. Hermann Haken
  Physiker, 1927 (1984)
- Prof. Dr. Dr. h.c. mult. Friedrich August von Hayek, CH, F.B.A.
  Nationalökonom, 1899 (1977) – Nobelpreis 1974
- Prof. Dr.-Ing. E.h. Rudolf Hillebrecht
  Architekt und Städteplaner, 1910 (1964)
- Prof. Dr. h.c. György Ligeti
  Komponist, 1923 (1975)
- Prof. Dr. Dr. h.c. mult. Heinz Maier-Leibnitz
  Physiker, 1911 (1976)
- Prof. Dr. Golo Mann
  Historiker und Schriftsteller, 1909 (1973)
- Prof. Dr. Dr. h.c. mult. Gerd Meyer-Schwickerath
  Ophtalmologe, 1920 (1978)
- Prof. Dr.-Ing. Dr. h.c. Wolfgang Paul
  Physiker, 1913 (1980) – Nobelpreis 1989, 1. Vizekanzler des Ordens
- Prof. Dr.-Ing. Werner Reichardt
  Biologe, 1924 (1980)
- Prof. Dr.-Ing. E.h. Walter Rossow
  Gartenarchitekt und Landschaftsplaner, 1910 (1972)
- Prof. Emil Schumacher
  Maler, 1912 (1981)
- Prof. Dr. Dr. h.c. Carl Friedrich Frhr. von Weizsäcker
  Physiker, 1912 (1961)
- Prof. Dr. Franz Wieacker
  Rechtsgelehrter, 1908 (1969)

- Prof. Hans Wimmer
  Bildhauer, 1907 (1966)
- Maria Wimmer
  Schauspielerin (1973)
- Prof. Dr. Hans Zachau
  Molekularbiologe, 1930 (1981)

Ausländische Mitglieder des Ordens (Stand: Juli 1990) mit Aufenthaltsland und Geburtsjahr (Aufnahmejahr):

- Prof. Dr. Hans Bethe, USA
  Physiker, 1906 (1984) - Nobelpreis 1967
- Pierre Boulez, Frankreich
  Komponist und Dirigent, 1925 (1975)
- Dr. Elias Canetti, Schweiz
  Schriftsteller, 1905 (1979) - Nobelpreis 1981
- Prof. Dr. Hendrik B.G. Casimir, Niederlande
  Physiker, 1909 (1982)
- Eduardo Chillida Juantegui, Spanien
  Bildhauer, 1924 (1987)
- Gordon Alexander Craig, USA
  Historiker, 1913 (1990)
- Prof. Dr. Jean Gaudemet, Frankreich
  Rechtshistoriker, 1908 (1983)
- Prof. Dr. Felix Gilbert, USA
  Historiker, 1905 (1981)
- Prof. Dr. Sir Ernst Gombrich, O.M., F.B.A., Großbritannien
  Kunsthistoriker, 1909 (1977)
- Prof. Dr. André Grabar, Frankreich
  Kunsthistoriker, 1896 (1963)
- Kaii Higashiyama, Japan
  Maler, 1908 (1984)
- Prof. Dr. Charles Huggins, USA
  Mediziner, 1901 (1957) - Nobelpreis 1966
- Eugène Ionesco, Frankreich
  Schriftsteller, 1912 (1983)

- Prof. Dr. Sir Bernard Katz, Großbritannien
  Physiologe, 1911 (1982) – Nobelpreis 1970
- Prof. Dr. George F. Kennan, USA
  Diplomat und Historiker, 1904 (1976)
- Prof. Dr. Ernst Kitzinger, Großbritannien
  Kunsthistoriker, 1912 (1982)
- Prof. Dr. Dr. h.c. mult. Otto Kratky, Österreich
  Chemiker, 1902 (1984)
- Prof. Dr. Dr. h.c. Stephan Kuttner, USA
  Kanonist und Rechtshistoriker, 1907 (1969)
- Jean-Marie Lehn, Frankreich
  Chemiker, 1939 (1990)
- Dr. Elisabeth Legge-Schwarzkopf, Schweiz
  Kammersängerin (1983)
- Dr. Dr. h.c. mult. Max F. Perutz, O.M., Großbritannien
  Biophysiker, 1914 (1987) – Nobelpreis 1962
- Prof. Dr. Boris B. Piotrowskij, UdSSR
  Archäologe, 1908 (1984)
- Prof. Sir Karl Popper, F.R.S., F.B.A., Großbritannien
  Wissenschaftstheoretiker, 1902 (1980)
- Prof. Rudolf Serkin, USA
  Pianist, 1903 (1981)
- Prof. Dr. Dr. h.c. Stig Strömholm, Schweden
  Rechtsgelehrter, 1931 (1988)
- Prof. Dr.-Ing. E.h. Kenzo Tange, Japan
  Architekt, 1913 (1975)
- Prof. Dr. Dr. h.c. Alexander Lord Todd, O.M., F.R.S., Großbritannien
  Chemiker, 1907 (1966) – Nobelpreis 1957
- Prof. Dr. Dr. h.c. Bartel Leendert van der Waerden, Schweiz
  Mathematiker, 1903 (1973)
- Prof. Dr. Dr. h.c. mult. Victor F. Weisskopf, USA
  Physiker, 1908 (1978)

Rebekka

»... mit Schreiben vom ... haben Sie die Rebekka-Logen angeschrieben und an sie die gleichen Fragen gestellt wie mit Ihrem Schreiben vom ... an den Deutschen Odd-Fellow-Orden. Mit meinem Schreiben vom ... habe ich Ihre Schreiben beantwortet. Wenn Sie die meinem Schreiben beigegebenen Unterlagen genau durchsehen, werden Sie feststellen, daß Odd-Fellow- und Rebekka-Logen zusammengehören. Somit gilt mein Schreiben für beide Logen.

Alle Sie noch interessierenden Fragen werden von mir beantwortet, ich hoffe jedoch, bereits mit meinem Schreiben vom ... Ihnen genügend Auskunft gegeben zu haben ...«

Diese kleine Demonstration von Logenbürokratie stammt vom derzeitigen beigeordneten Hochmeister der Odd Fellows und mag auf den ersten Blick allenfalls amüsieren, hat jedoch eine ernst-skurrile Fortsetzung: Bei weiteren Nachforschungen gab die endlich ermittelte Präsidentin der Deutschen Rebekka-Logen bereits nach der ersten Frage den Telefonhörer an ihren Gatten ab, der ausgesprochen kurz angebunden wiederum an die Großloge der Deutschen Odd Fellows verwies.

Diese Vorbemerkung weist auf eine gewisse Kluft zwischen Theorie und Praxis hin, da die Rebekka-Logen zwar als weiblicher Zweig des Odd-Fellow-Ordens fungieren, sich selbst aber als weltweit einzige selbständig arbeitende Frauenloge hinstellen. Es muß daher sehr verwundern, daß – im Gegensatz zu den völlig selbständigen Damenclubs Zonta und Soroptimists – nicht einmal die Präsidentin der Rebekka-Schwestern zu einer harmlosen Auskunft bevollmächtigt ist.

»... Die Frau von heute – selbständig, weitgehend unabhängig, bewußt lebend und denkend, politisch und kulturell interessiert, aufgeschlossen, meist engagiert berufstätig; eben: mit beiden Beinen im Leben stehend – gern und schnell bereit, ›alte Zöpfe‹ abzuschneiden ...

... Natürlich wird gerade die ›moderne Frau‹, die es gewohnt ist, sich im täglichen Lebenskampf zu behaupten, sich durchzusetzen, der Loge nicht kritiklos gegenüberstehen.

Ihre Erwartungen sind hochgesteckt – sie will sie erfüllt sehen; sie ist ungeduldig, will verändern, Neues schaffen. Gerade diese Haltung kenne ich allzugut aus meiner eigenen Erfahrung ...

... Die Loge braucht aber auch mich – die Frau von heute –, meine Bereitschaft, zu geben, meine Anteilnahme, mein Organisationstalent, mein Durchsetzungsvermögen, meine Ideen – meinen Willen zur Mitarbeit. Wie schon gesagt – wir ergänzen uns recht gut: die Loge und die ›moderne Frau‹! ...

Ohne sonderlich sarkastisch sein zu wollen, fühlt man sich beim Lesen dieses Auszugs aus einer Selbstdarstellung einer Hamburger Rebekka-Schwester (abgedruckt in einer Informationsbroschüre der Odd Fellows!) unwillkürlich an klassisch formulierte Heiratsanzeigen erinnert. Doch soll nicht länger auf die solchermaßen »selbständigen« Logen eingegangen werden, deren Ziel und Philosophie unter dem Kapitel Odd Fellows nachzulesen sind.

Als Fakten seien angeführt, daß die Rebekka-Logen im Jahre 1919 in den USA gegründet wurden und im Jahre 1951 in der Bundesrepublik Deutschland Fuß faßten. Die derzeitige Mitgliederzahl beträgt weltweit etwa 300 000, europaweit rund 24 000 und bundesweit ungefähr 300.

Der Name Rebekka ist übrigens biblischer Herkunft: Es geht um die Geschichte von Abrahams Knecht Elieser, der eine Frau für Isaak sucht und Rebekka an einem Brunnen trifft. Sie gibt dem Knecht Wasser und tränkt die Tiere, bevor sie den eigenen Durst stillt. Und als sie hört, sie solle den fernen Isaak heiraten, ist sie sofort einverstanden und zieht los ...

Ritterkreuzträger

»... Wir dürfen es niemals zulassen, daß an dem Opfertod unserer gefallenen Kameraden herumgedeutelt wird oder daß ihre Leistungen verzerrt oder gar verächtlich gemacht werden ...

... Die Toten, die wir heute ehren, die wir nie vergessen wollen, waren keine dummen Nach- oder Mitläufer, sie waren auch keine Marionetten oder durch Kriegswirren stolpernde Unwissende, sondern Männer und Kameraden, die in soldatischer Treue, Gehorsam und Pflichterfüllung tapfer und loyal kämpften und ihr Leben gaben.

So verteidigten sie und griffen an, wo man es von ihnen forderte; ihren Vorgesetzten vertrauensvoll folgend, auch wenn zuweilen Gewissensängste sie quälten, in Erfüllung von Soldateneid und Gesetz. Ob zu Wasser, zu Lande oder in der Luft, ob in der eisigen Kälte des Nordens, in der Hitze Afrikas, im Schlamm der Ostfront oder in der Materialschlacht der Invasion ...«

Dieser Auszug aus einer Gedenkrede für gefallene Soldaten, gehalten vom Vorsitzenden der Ritterkreuzträger-Ordenskommission, soll klarstellen, um was es bei dieser Vereinigung geht: um einen Zirkel hochdekorierter Soldaten, die einen Krieg durchgemacht haben – ob sie wollten oder nicht. Sie unterschieden sich in ihrer freien Willensentscheidung also in keinem Punkt von denjenigen Einheiten, die heutzutage von verschiedenen Nationen an die Krisenherde der Welt befohlen werden, um für »Ruhe und Ordnung«

zu sorgen. Dies nur vorweg, um hier einen dicken Trennstrich zwischen die oft bedenkenlos miteinander vermengten Begriffe »Kriegsteilnehmer« und »Nazi« zu legen.

Zweck

Die Ordensgemeinschaft der Ritterkreuzträger ist ein freiwilliger Zusammenschluß von Soldaten aller Dienstgrade und Truppenteile der ehemaligen Deutschen Wehrmacht. Sie wurde im Jahre 1955 in Köln gegründet, Vereinssitz ist heute Wiesbaden. Doch nicht jeder Überlebende der rund 15 Millionen Mann starken Wehrmacht wurde als Mitglied in diesen Traditionsverband aufgenommen: Als Voraussetzung steht die nachweisliche Verleihung des Ritterkreuzes des Eisernen Kreuzes (Auszeichnung für besondere Tapferkeit vor dem Feind oder für hervorragende Truppenführung im Zweiten Weltkrieg) oder des Militär-Verdienst-Kreuzes (höchster preußischer Kriegsorden für Mannschaften und Unteroffiziere im Ersten Weltkrieg).

Zweck des Ordens ist:

- *der kameradschaftliche Zusammenschluß aller Ritterkreuzträger und Träger des MVK,*
- *die Verbindung mit den Angehörigen nicht mehr lebender Ritterkreuzträger und Träger des MVK aufrechtzuerhalten,*
- *die Pflege und Förderung der Tradition echten Soldatentums im demokratischen Staat in enger Verbindung mit der Bundeswehr und den bestehenden soldatischen Verbänden,*
- *Unterstützung und Förderung der vom »Hilfswerk Ritterkreuz« ausgeübten Tätigkeit.*

Unter diesem Zeichen haben sehr viele Ordensmitglieder am Aufbau der heutigen Bundeswehr mitgewirkt – ausgedrückt wird der Korpsgeist auch durch die Beteiligung der Bundeswehr bei Todesfällen innerhalb der Ordensreihen: Letzte militärische Ehren durch Teilnahme an einem Ehrengeleit oder einer Abordnung zieren die »Abberufung zur Großen Armee«.

Doch selbst wenn in dem offiziellen Ordensorgan »Das Ritterkreuz« durchschnittlich 70- bis 90jährigen Geburtstagskindern jeweils unter Hinzufügung eines Fotos gratuliert wird, das den Jubelgreis in fescher Uniform und strahlender Jugend zeigt, hat sich das alte Feindbild laut »Das Ritterkreuz« 1/1990 dem Zeitgeist gebeugt:

»... Nun sind alle Tore auf; die Entwicklung zu Wiedergutmachung, Wiederherstellung von Haus und Hof ›im alten Vaterland‹ ist ein Drama sondergleichen, an dem nun auch ganz Europa, d. h. die Europäische Wirtschaftsgemeinschaft, teilnehmen und das Geschäft in der ›Diaspora‹ mitmachen möchte.

Da spielt auch die Angst vor den alten Teutonen weniger die Rolle als vor einer Wirtschaftsmacht beider deutscher Staaten in einer europäischen Gesellschaft. Es ist töricht, von der Revanche zu reden; wer sollte sich denn revanchieren? Die Grenzen sind festgeschrieben und die Basis eines Vertrages der Deutschen in einer europäischen Gemeinschaft. Es gibt ein europäisches Deutschland und beileibe kein deutsches Europa. Das Volk ohne Raum war einmal. Nun heißt es ein Volk ohne Grenzen, wenn diese von Ost nach West und Nord nach Süd allseitig offen sind. ›Von der Maas bis an die Memel‹ gilt nicht mehr; wir müssen uns mit den politischen Gegebenheiten als einer Voraussetzung für den Zusammenschluß beider deutscher Staaten abfinden.

Die Freiheit der Menschen in Ost und West zugleich gilt schließlich dem Konsum, dem besseren Leben auf Erden, ganz gleich, zu welcher Partei und Religion man immer auch steht. Die stille Revolution im Osten haben die Bürger doch selbst gemacht, vielleicht würde man eine solche uns saturierten Westeuropäern gar nicht zutrauen. Der Friedensengel aber, besser der Apostel des Geschehens, ist der Herr im Kreml gewesen; ganz gleich, ob er nun dem marxistisch-leninistischen Konzept am Ende selbst erliegt.

Indessen gehen die Soldaten von Ost und West teilweise nach Hause; die widersinnigen Aufrüstungen haben an den Rand von Staatsruin und damit zu dem Willen nach Frieden und Eintracht geführt. Mögen die Götter zu Ende unseres Jahrhunderts dem Atomkopf ein Denkmal gegen Völkervernichtung und ein Mahnmal für ein Leben in Frieden und Freiheit errichten.

Unsere Tage sind gezählt. Ein Wunsch wurde uns jetzt noch erfüllt; wir möchten Potsdam, Dresden und Weimar wiedersehen. Wir verzichten gerne auf Mallorca und Miami, wenn es wieder die Elbe, den Müggelsee, den Harz und den Brocken gibt. Wir sind, wie unsere Freunde und Kameraden in der DDR, sehr glücklich, wieder einmal dahin zu gehen und zu kommen, wo einst unsere Jugend begann oder der Krieg sie beendete . . .«

Mitglieder

Die Ordensgemeinschaft der Ritterkreuzträger besteht heute noch aus etwa 1000 Mitgliedern, die in Landesgruppen und Sektionen innerhalb der Bundesrepublik Deutschland erfaßt sind. Exakt 7361 Ritterkreuze zum Eisernen Kreuz sind insgesamt verliehen worden, eingeschlossen die 43 Kreuze, die an Verbündete und Nicht-Wehrmachtangehörige ausgegeben wurden. Hinzu kamen noch die höheren Stufen, die wie folgt aufgegliedert waren:

– Eichenlaub zum RK	882
– Schwerter zum Eichenlaub des RK	159
– Brillanten zu den Schwertern zum Eichenlaub des RK	27
– Goldenes Eichenlaub mit Schwertern und Brillanten zum RK des EK	1
– Großkreuz des Eisernen Kreuzes	1

Also keine »RK-Inflation«, wie mißgünstige Neider oftmals behauptet haben. Und auch die Bezeichnung »Generals-Orden« ist nicht zutreffend, wie die nachstehende Übersicht der Ritterkreuzträger des Eisernen Kreuzes nach Dienstgrad und Wehrmachtsteil aufzeigt:

Dienstgrad am Tag der Verleihung	**Heer**	**Waffen-SS**	**Kriegsmarine**	**Luftwaffe**	**Summe**
Generalfeldmarschall, Großadmiral	–	–	1	1	2
Gen. Oberst, Gen. Admiral	9	–	1	2	12
General, Admiral	66	6	3	13	88
Generalleutnant, Vizeadmiral	191	4	8	18	221
Generalmajor, Konteradmiral	134	7	10	29	180
Oberst, Kapitän zur See	420	23	33	49	525
Oberstleutnant, Fregattenkapitän	258	40	8	31	337
Major, Korvettenkapitän	539	87	52	127	805
Hauptmann, Rittmeister, Kapitänleutnant	932	83	118	390	1523
Oberleutnant, Oberleutnant zur See	630	69	64	462	1225
Leutnant, Leutnant zur See	414	30	7	246	697
Stabsfeldwebel, -wachtmeister	24	–	4	6	34
Hauptfeldwebel, -wachtmeister	5	–	–	–	5

Dienstgrad am Tag der Verleihung	**Heer**	**Waffen-SS**	**Kriegsmarine**	**Luftwaffe**	**Summe**
Oberfähnrich	11	1	–	7	19
Oberfeldwebel, -wachtmeister	384	22	5	261	672
Feldwebel, Wachtmeister	253	29	–	105	387
Unteroffizier, Oberjäger	284	23	4	20	331
Stabsgefreiter	6	–	–	–	6
Obergefreiter	145	7	–	8	160
Gefreiter	66	5	–	10	81
Grenadier usw.	6	2	–	–	8
Insgesamt	4777	438	318	1785	7318
Verbündete und Nicht-Wehrmachtangehörige					43

Die Hauptleute des Heeres also waren diejenigen, die sich anscheinend am meisten durch besonderen Mut oder souveräne Kompanieführung ausgezeichnet haben – deutlich ins Auge sticht jedoch, daß unter den Angehörigen der Kriegsmarine weniger Ritterkreuzträger waren als bei Himmlers rituellem SS-Sippenorden.

Hilfswerk

Im Jahre 1959 wurde das »Hilfswerk Ritterkreuz« gegründet, das mittlerweile rund Euro 250 000 für wohltätige und soziale Zwecke aufgebracht hat.

Das Ziel dieser Einrichtung ist laut Satzung wie folgt definiert:

1. Das Hilfswerk »Ritterkreuz e. V.« verfolgt ausschließlich und unmittelbar besonders förderungswürdige gemeinnützige und mildtätige Zwecke, und zwar insbesondere durch:

- *Unterstützung hilfsbedürftiger, insbesondere kriegsbeschädigter Ritterkreuzträger und deren Angehöriger, Witwen und Waisen,*
- *Ausbildungs- und Studienbeihilfen für hilfsbedürftige Schwerbeschädigte und Waisen von Ritterkreuzträgern,*
- *Schaffung von Ferien- und Erholungsplätzen für hilfsbedürftige Schwerbeschädigte und Waisen von Ritterkreuzträgern,*
- *Pflege von Grabstätten von gefallenen und verstorbenen Ritterkreuzträgern ...*

Man hilft sich also mittels Beiträgen und Spenden selbst, und – im offiziellen Organ des Ordens sind noch immer Suchanzeigen für nicht auffindbare Ritterkreuzträger abgedruckt.

Seitdem der Orden auch Nicht-Ritterkreuz-Träger als Mitglieder zuläßt, steht er im Verdacht, als Plattform für Neonazis zu fungieren.

Rosenkreuzer

Als Mitglieder geheimer Gesellschaften des 17. und 18. Jahrhunderts, die mit den Sinnbildern Rose und Kreuz phantastischen naturphilosophischen Gedanken nachgingen, stehen die Rosenkreuzer auch in der heutigen Zeit noch in manchem Lexikon. Wie sich der Alte Mystische Orden vom Rosenkreuz (Antiquus Mysticus Ordo Rosae Crucis, A.M.O.R.C.) selbst einstuft, ergibt die folgende hausgemachte Definition:

1. *Es handelt sich weder um eine Religion noch um eine Sekte, noch um ein abstraktes philosophisches System.*
2. *Der Orden vom Rosenkreuz ist eine völlig unabhängige Organisation. Zwecks Vermeidung von Mißverständnissen soll klargestellt werden, daß der Orden vom Rosenkreuz keine Variante oder Abart der Freimaurer ist. Er vertritt ein originäres, nicht aber ein von anderen Vereinigungen abgeleitetes Gedankengut. Dies soll betont werden, weil althergebrachte Ausdrücke, die auch von dem Orden vom Rosenkreuz verwendet werden, wie das Wort ›Loge‹, den Orden irrtümlich mit den Freimaurern in Assoziation bringen können. Eine Abgrenzung erweist sich daher auch in dieser Richtung als erforderlich, ohne daß damit eine wie auch immer geartete abwertende Tendenz gegenüber anderen Organisationen zum Ausdruck gebracht werden soll.*
3. *Der Orden vom Rosenkreuz entfaltet keinerlei politische Aktivitäten. Er verlangt aber von seinen Mitgliedern, daß sie die Gesetze des Staates, dem sie angehören oder in dem sie leben, in jeder Beziehung achten.*

4. Die Erforschung, das Studium und die praktische Anwendung von Natur- und Geistesgesetzen ist offensichtlich nicht eine Sache des Glaubens. Sie setzt eine vorurteilsfreie und tolerante Einstellung voraus. Damit sind zunächst die wesentlichen Voraussetzungen skizziert, die an ein künftiges Mitglied des Ordens vom Rosenkreuz gestellt werden.

Weder Sekte noch Freimaurer, aber trotzdem von einem geheimnisvollen Schleier umgeben – was also hat es mit den Rosenkreuzern auf sich, die bereits seit Jahrhunderten die esoterische Phantasie der Menschheit zu wildesten Gerüchten anregen?

Entstehungslegenden

»Herkunft unbekannt« – so einfach könnte man die Geschichte der Rosenkreuzer abhaken, doch sollen verschiedene Entstehungslegenden einen kleinen Eindruck davon vermitteln, wie Mysterien entstehen.

Ein esoterisches Lexikon zum Beispiel setzt als Stammvater des Ordens den Adeligen Christianus Rosenkreutzer (1378–1484) ein, der in jungen Jahren als Mönch verkleidet nach Indien, Persien und Arabien gereist sein soll und sich auf diesem Wege mit den Lehren der Weisen und Seher der entsprechenden Länder vertraut gemacht haben soll. Nach seiner Rückkehr soll er im Jahre 1425 den Rosenkreutzer-Orden gegründet haben, der 200 Jahre im Geheimen geblieben sein soll.

Nach einer anderen Legende soll die Geheimlehre der Rosenkreuzer aus dem sagenumwobenen Atlantis überliefert worden und demnach der einzige Überrest des Wissens dieser untergegangenen Zivilisation sein.

Die Studien der Freimaurer hingegen ergeben über die Rosenkreuzer ein völlig anderes Bild: Danach soll sich um die Mitte des 18. Jahrhunderts, vor allem in deutschen Landen, ein Mysterienbund gebildet haben, der sich als »Orden der Gold- und Rosenkreuzer« bezeichnete. Ende der fünfziger Jahre des 18. Jahrhunderts soll der Orden als christliche Sekte aufgetreten und im Jahre 1764 in Prag aufgehoben worden sein. Darauffolgende Ordensreformen sollen die Bibel als Richtschnur angegeben und die Rosenkreuzer als Erfinder der Freimaurerei hingestellt haben. Man beschäftigte sich angeblich mit Alchimie, Mystik und theosophischen Anschauungen; die Führer des Bundes gaben an, den »Stein der Weisen« zu besitzen.

In der Tat bildete die Freimaurer-Loge »Zu den drei Weltkugeln« einige Zeit den Mittelpunkt rosenkreuzerischer Bewegung, der sich auch viele Freimaurer anschlossen, bis sich im Jahre 1785 auch gegen sie das Edikt Kaiser Josephs II. richtete, das sie zur Aufgabe ihres Treibens zwang.

Die heutigen Rosenkreuzer A.M.O.R.C. sind nachweislich im Jahre 1909 von Dr. H. Spencer Lewis in den USA gegründet worden – Zentrale und Tempel stehen noch immer im kalifornischen San José. In Amerika will der Orden laut eigener Aussage seit dem Jahre 1697 tätig sein, doch geht die eigene Ahnenforschung noch wesentlich weiter: In das Ägypten etwa in die Zeit 1350 vor Christi Geburt legt der heutige Orden seinen Ursprung – eine abenteuerlich anmutende Behauptung, für die Beweise natürlich ausstehen.

Als ältestes Dokument wird die »Fama Fraternitatis« erwähnt, eine Schrift voller Belehrungen psychologischer und geometrischer Art, die im Jahre 1614 zunächst in chiffrierter Form in Europa erschien und bald darauf, in fünf verschiedene Sprachen übersetzt, verbreitet wurde.

Nun, das Geheimnis um den Ursprung der Rosenkreuzer wird durch die selbstgestrickte Entstehungskette Ägypter – Pythagoräer – Neuplatoniker – Essäer – Druiden – Mönchsorden – Tempelherren – italienische Akademien etc. nicht gelüftet, und fest steht nach wie vor, daß es eine einheitliche Geschichte der Rosenkreuzer einfach nicht gibt. Der Orden selbst zieht sich dadurch aus der Affäre, indem er sagt, die Geschichte der Rosenkreuzer dürfe nicht veröffentlicht werden, da dies mit Konsequenzen der verschiedensten Art verbunden wäre – doch welche Folgen im Detail zu erwarten wären, darüber schweigt sich die Bruderschaft wiederum aus.

Als Persönlichkeiten, die in enger Verbindung zu den Rosenkreuzern gestanden sein sollen, werden von A.M.O.R.C. angeführt:

Heinrich Cornelius A. von Agrippa	1486–1535
Pharao Amenhotep IV.	1377–1345 v. Chr.
Elias Ashmole	1617–1692
Francis Bacon	1561–1626
Jacob Böhme	1575–1624
Giordano Bruno	1548–1600
Thomas Campanella	1568–1639
Amos Comenius	1592–1670
John Dee	1527–1608
René Descartes	1596–1650
Robert Fludd	1574–1634
Heinrich Khunrath	1560–1605
Gottfried Wilhelm von Leibniz	1646–1716
Michael Maier	1568–1622
Simon Studion	1543–1605
Johannes Trithemius	1562–1616
Thomas Vaughan	1623–1706

Der interessierte Leser wird sich nicht die Mühe machen müssen, sämtliche überlieferten Schriften dieser Herren zu studieren, denn das rosenkreuzerische Weltbild ist sehr allgemein gehalten und kann sich in Tausenden von anderen Schriften aller möglichen Epochen ebenso finden lassen.

Philosophie

Es geht – kurz gesagt – um die Verbesserung der Menschen und somit der Welt. Da dies nur möglich ist, wenn zunächst »vor der eigenen Tür gekehrt wird«, steht die Aktivierung der in jedem Menschen ruhenden unbewußten Kräfte im Vordergrund. Unterdrücktes Wissen freizulegen, sieht der Orden als Ziel der Suche nach sich selbst, und das ist weiter gar nicht so übel. Das Mystische an den Rosenkreuzern ist das sich hartnäckig haltende Gerücht, daß die Kunst, am Stein der Weisen anzuklopfen, nur von Meister zu Schüler weitergegeben wird und der Öffentlichkeit nicht zugänglich ist. Verfechter dieser Theorie stellen Rosenkreuzer-Gesellschaften wie beispielsweise den A.M.O.R.C. als wertlos hin, da er sich der Außenwelt öffnet, denn das Prinzip lautet: *»Offenbarte Geheimnisse werden wertlos und profanierte verlieren die Gunst. Daher, wirf weder Perlen den Säuen vor, noch streue dem Esel Rosinen unter.«* Daß dieser Ausspruch gerade in einer Schrift des A.M.O.R.C. steht, mag verwundern: Immerhin verkauft dieser Orden das mystische Wissen gegen Bares.

Selbstfindung per Fernkurs

- *Ruhende Talente erwecken und entwickeln*
- *Vitalisierung durch Anpassung an die kosmischen Kräfte*
- *Die Dualität des Menschen*
- *Physischer und psychischer Körper*
- *Die Gesundheit erneuern und erhalten*
- *Die Phasen des Bewußtseins*
- *Schöpferische Geisteskräfte*

- *Aufbau und Funktion des Menschen im Wechselspiel kosmischer Kräfte*
- *Der Mensch, Mikrokosmos im Makrokosmos*
- *Die menschliche Aura, Ursache und Wirkungsfeld*
- *Realität und Aktualität*
- *Materie und was sie wirklich ist*
- *Die Seele des Menschen: ihr Ursprung und ihre Manifestation*
- *Der Mensch, ein unsterbliches Wesen*
- *Re-Inkarnation*
- *Karma, das Gesetz des Ausgleichs*
- *Erlangung kosmischen Bewußtseins*
- *Raum und Zeit*
- *Zugang zu höheren Welten*

Diese kleine Themenauswahl soll einen ungefähren Eindruck über den Tenor vermitteln, der von den Rosenkreuzern gepflegt und vertrieben wird. Ähnlich wie bei der Gralsbruderschaft ist das Lehrsystem in verschiedene Grade unterteilt, so daß dem Fernstudium der verschickten Lehrbriefe ab einer festgelegten Wissensstufe Seminare in einem der 40 bundesdeutschen, 7 österreichischen und 4 schweizerischen A.M.O.R.C.-Atrien folgen können.

Die Hierarchie des Lehrordens beinhaltet drei Neophytgrade, ein Postulantengrad und neun Tempelgrade. Diesen Graden folgen die Grade der A.M.O.R.C.-Illuminati, die besondere Belehrungen und Hinweise für ein weiteres Studium sowie die Anwendung der Lehren beinhalten. In diesen Bereich fallen die sogenannten »Collegia Rosae Crucis«, die das Denkmodell der Rosenkreuzer erweitern sollen und das Erreichen noch höherer Grade ermöglichen.

Die Kosten für diesen esoterischen Klimmzug belaufen sich auf eine Aufnahmegebühr von 40 Euro und einen Jahresbeitrag von 378 Euro – der Gegenwert sind 11 monatliche Lehranweisungen (auch ein Orden macht im August die Pforten dicht), ein Mitteilungsblatt sowie ein Magazin. Der Besuch der Atrien steht übrigens auch Nichtmitgliedern frei – bestimmt die beste Gelegenheit, sich zunächst einmal mit dem Gedankengut der Rosenkreuzer vertraut zu machen.

»Ich werde alles leihweise überlassene Lehrmaterial, alle Monographien und Abhandlungen vertraulich behandeln. Ich werde sie sorgfältig studieren, prüfen und die auf jeder Stufe gewonnenen Erkenntnisse zur Entfaltung meiner inneren und äußeren Fähigkeiten anwenden. Sollte ich den Orden einmal verlassen, verpflichte ich mich, alles erhaltene Lehrmaterial unverzüglich zurückzugeben.«

Geheimhaltung wird nicht nur in puncto Lehrbriefe empfohlen, sondern auch bei den notwendigen Accessoires: Die Einrichtung eines häuslichen Sanktuariums, das bei Nichtgebrauch *»in einem Koffer oder in einer Schachtel untergebracht werden kann«*, soll zu den regelmäßig empfohlenen Studienabenden motivieren, die *»nach und nach eine geistige und körperliche Erneuerung hervorrufen, eine Veredelung des Menschen ...«*

Rotary

Das englische Adjektiv rotary (drehend) gab dem Club seinen Namen – man traf sich in der Anfangszeit »rotierend«, d. h. abwechselnd in den Büros der einzelnen Clubmitglieder. Das Zahnrad auf blauem Grund hat sich aus einem einfachen Sechs-Speichen-Rad entwickelt und soll das offizielle Rotationsprinzip symbolisieren. Im Knopfloch getragen, weist es den Träger als Zugehörigen zu einem *»besseren Kreis«* aus, der die Entwicklungsstufe zum Menschen nach dem Motto *»Affe – Mensch – Rotarier«* erfolgreich hinter sich gelassen hat.

Doch selbst wenn Rotary-Mitglied George Bernard Shaw die Frage nach dem Sinn des Clubs lediglich knapp und sarkastisch mit *»Where is Rotary going to? – Rotary is going to lunch«* beantwortete, verdient die weltumspannende Organisation eine umfangreichere Darstellung – nicht nur weil sie jährlich Millionen von Dollars edlen Zwecken überführt, sondern auch weil in diesem Club die reine Männerfreundschaft ausgesprochen lukrativ sein kann: In der Anfangszeit der Rotarier wurden amerikanischen Clubmitgliedern noch wöchentlich Rückantwort-Postkarten ausgehändigt, auf denen sie der Verwaltung zu Werbezwecken mitteilen mußten, wieviel geschäftliche Aufträge sie von Clubfreunden bekommen beziehungsweise vergeben hatten ...

Geschichte

Paul Percy Harris hieß der Mann, der den ältesten der bekannten Service-Clubs ins Leben rief. Während seines Jurastudiums und auch danach als Reporter, Handelsschullehrer, Plantagenarbeiter, Theaterschauspieler, Nachtportier, Cowboy, Handelsreisender, Matrose und Fabrikarbeiter beschäftigt, hatte Harris genügend Zeit, um festzustellen, daß das Leben ohne gute Beziehungen nur die halbe Freude macht. Als er fünf Jahre nach Abschluß des Studiums im Alter von 28 Jahren in Chicago eine eigene Anwaltskanzlei errichtete, hatte er bereits dreimal Europa besucht – im Jahre 1896 durchaus keine Selbstverständlichkeit.

Die Legende erzählt von einem Spaziergang mit einem Anwaltskollegen im Jahre 1900, nach dem Harris mit verschiedenen Händlern aus der Umgebung bekannt gemacht wurde: Die Idee eines Clubs für Geschäftsmänner war geboren.

Fünf Jahre nach dieser Erleuchtung, am 23. Februar 1905, trafen sich im Büro 711 des Chicagoer Unity-Geschäftsgebäudes vier Männer zu einer folgenschweren Versammlung: Der mittlerweile 37jährige Harris und drei seiner Mandanten, der Bergbauingenieur Gustavus E. Loehr, der Kohlenhändler Silvester Schiele sowie der Schneidermeister Hiram E. Shorey beschlossen, einen neuen Club zu gründen, der nach einem simplen System funktionieren sollte. Jedes Mitglied sollte erfolgreiche Vertreter weiterer Berufe anwerben, und das Clubleben würde ein übriges tun, um Geschäftspartner in Freunde zu verwandeln und umgekehrt.

Der Brauch, reihum in den Geschäftsräumen der einzelnen Mitglieder zusammenzukommen, funktionierte jedoch nur bei einer überschaubaren Mitgliederzahl – an die Stelle dieser Zusammenkünfte traten bald Mittagessen, vom Rotationsprinzip ist heute nur noch der umschichtige Vortragszwang übriggeblieben.

Im Jahre 1908 wurde der zweite Club im kalifornischen San Francisco gegründet, und bereits drei Jahre später bestanden in den USA und Kanada 16 Clubs mit insgesamt 1500 Mitgliedern. Der Sprung nach Europa erfolgte im Jahre 1912 (England und Irland), und als die ersten Rotarier im Jahre 1927 in Hamburg ihre Zelte aufschlugen, zählte man bereits 2631 Clubs in knapp 50 Ländern mit insgesamt 129 000 Mitgliedern.

Die rasante Entwicklung wurde allein durch das nationalsozialistische Deutschland gebremst – im offiziellen selbstgestrickten geschichtlichen Überblick der Rotarier spricht man von einem *»ausgeübten Druck, der die 42 Rotary-Clubs in Deutschland, den Club der Freien Stadt Danzig sowie 11 Clubs in Österreich und 34 italienische Clubs zwang, ihre Tätigkeit einzustellen«.*

Die hausgemachte Verfolgungslegende speziell der Rotarier liest sich jedoch im Spiegel-Report (Nr. 21/1983) *»Rotary: Filz mit Nadelstreifen«* ein wenig anders:

». . . Als Abgesandte von 41 reichsdeutschen Rotary-Clubs am 4. September 1937 im Berliner Hotel ›Esplanade‹ die Selbstauflösung ihrer Vereinigung beschlossen, gab es dafür einen einzigen Grund: Nach langem Hin und Her hatte der Reichsinnenminister allen Beamten und das oberste Parteigericht allen Parteigenossen die Mitgliedschaft bei Rotary untersagt.

Damit ging eine vierjährige Periode der Anbiederung deutscher Rotarier-Funktionäre an die braune Macht zu Ende: Sie hatten Ergebenheitsadressen an die Naziführer geschickt, hatten ihre Dienstdevise als weltanschaulich identisch mit dem NS-Grundsatz ›Gemeinnutz geht vor Eigennutz‹ ausgegeben und sich selbst als völkischer denn die NSDAP.

Einige Clubs schlossen, sobald das opportun war, Juden prompt aus. Die meisten jedoch gingen den Weg der moralischen Erpressung, indem jüdische Mitglieder aufgefordert wurden, nun rotarische Größe zu beweisen und von selbst zu gehen, damit ihretwegen nicht die arische Mehrheit ausscheiden müsse.

Als das erhoffte Arrangement mit den Nazis nicht zustande kam, ob-

wohl die Clubs sogar anboten, alle Verbindungen nach den USA zu kappen und sich der Parteiaufsicht zu unterstellen, handelten sich die geringschätzig als ›Auch-Nationale‹ eingestuften Rotarier zu den moralischen Blessuren auch noch Hohn ein:

Reichsleiter Walter Buch bekräftigte Ende August 1937 die Unvereinbarkeit, obwohl ›die deutschen Rotary-Clubs ... nach der Machtübernahme beflissen‹ gewesen seien, ›sich dem Geist der neuen Zeit anzupassen‹, und sich ›beeilt‹ hätten, ›die aufgenommenen Juden aus ihren Reihen auszuscheiden‹.

Nach Selbstauflösung der Clubs zeigte sich die Staatsmacht sogleich wieder versöhnlich: Der Sicherheitsdienst wurde überall im Lande angewiesen, bei der Aktenübergabe anwesende Rotarier ›mit äußerster Höflichkeit zu behandeln‹. Ältere Herren, die politisch und ökonomisch nicht von der konservativen Linie des deutschen Rotary-Gründers und Reichskanzlers (1922/23) Wilhelm Cuno abzubringen waren, durften ihre Stammtische und Freundeskreise bis Kriegsende zwar observiert, aber praktisch unbehelligt abhalten, obwohl gerade diese Zirkel – wie etwa der harte Kern des Bremer Clubs – mit ihrer Hitler-Gegnerschaft nicht hinterm Berg hielten.

Mindestens 21 Ex-Rotarier wurden zu Wehrdienstführern des Dritten Reiches umdekoriert, konnten als ›hervorragende Persönlichkeiten‹ ungebremst Karriere machen und bewährten sich allesamt, so qualifiziert eine Analyse die Mitglieder des Göringschen Wehrwirtschaftsrates, als ›gute Nationalsozialisten‹.

Die 56jährige Geschichte des deutschen Rotary erzählt, auch während der Nazizeit, wenig von Verfolgung und Widerstand, dafür viel von der Kunst des Obenbleibens. Und als Ende der vierziger Jahre die Wiederbegründung der Clubs abzusehen war, plädierten die Hamburger Freunde sogleich dafür, ›die Weiterführung der alten Mitgliedschaft ohne Rücksicht auf politische Gesichtspunkte‹ anzuerkennen, weil ›unser privater Freundeskreis weder ein Recht noch ein Anlaß für Spruchkammer-Verfahren bietet‹.

Einen ›schonungslos ehrlichen Bericht‹ über Rotary unterm Hakenkreuz hat jetzt, als interne Publikation, der Bonner Club herausgebracht. Im Vorwort werten die Hauptstadt-Rotarier als ›besonders schlimm‹ die Willfährigkeit der Clubs, ›Rotary judenrein‹ zu machen, statt zu diesem Zeitpunkt die Organisation bereits aufzulösen. Dennoch, trösten sich die Herausgeber, ›ist es gut, daß das nicht verschleiert wurde‹.

Doch es wurde verschleiert und verschleppt, zwanzig Jahre lang. Denn schon Anfang der sechziger Jahre hatte Alt-Rotarier Friedrich von Wilpert für seine um Aufklärung und Entschuldigung zugleich bemühte Arbeit eine ›Freigabe‹ durch den Governorrat erbeten – ohne Erfolg: Der Lackindustrielle Carl-Friedrich Spieß vom Rotary-Club Lüdenscheid fürchtete ›tausendfach Material zum Mißbrauch‹; Governor Günther Ramdohr aus Frankfurt fand es Mitte 1963 ›viel zu früh‹, das ›Hin und Her der Jahre 1933 bis 37 dem unbefangenen Leser preiszugeben‹.

Auf der Governorrats-Sitzung Mitte 1964 stand das Thema erneut auf dem Programm, doch das Protokoll vermerkt die Absicht, ›keinen schlafenden Hund zu wecken‹. Noch ein paar Jahre später wurden die Funktionäre endlich deutlich: Keine Veröffentlichung, denn das gesamte Manuskript gebe ›für Leser, die Rotary nicht kennen, ein falsches Bild‹ und sei ›geeignet, böswilligen Kommentatoren in der Boulevard-Presse, deren es nur allzu viele gibt, Material an die Hand zu geben, um dem Rufe Rotarys zu schaden‹.

Der ›Verzicht auf eine Veröffentlichung‹ sei schließlich eine ›noch größere rotarische Tat‹ als die Zusammenstellung. Zuletzt wurde als fair und der Freundschaft dienlich ausgehandelt, das Manuskript beim Bundesarchiv zu deponieren – ›mit der Auflage‹, der Bericht dürfe ›nicht vor dem Jahre 2000 veröffentlicht werden‹. Vertraulich, für Mitglieder, gelang es nun schon etwas früher …

Als Beleg für diese unrühmliche Praxis steht beispielsweise eine Tagebuchnotiz des Nobelpreisträgers von 1929, Thomas Mann, vom April 1933:

»Ich erhalte vom Rotary-Club München denselben Brief mit der trockenen Mitteilung der Streichung meines Namens wie Frank (Bruno Frank, Schriftsteller und Thomas-Mann-Freund, 1887–1945) ... Erschütterung, Amüsement und Staunen über den Seelenzustand dieser Menschen, die mich, eben noch die ›Zierde‹ ihrer Vereinigung, ausstoßen, ohne ein Wort des Bedauerns, als sei es ganz selbstverständlich ...«

Und auch knapp ein halbes Jahrhundert später war die wohlanständige und hochherzige Organisation nicht gerade zimperlich, als es wieder einmal um die Bereinigung eines ihrer Clubs ging: Der Nachrüstungsgegner und Ex-General Gerd Bastian verlor durch sein Engagement bei den Grünen zugleich mit seinem in 24 Berufsjahren gewachsenen sozialen und gesellschaftlichen Umfeld die Mitgliedschaft bei der Würzburger Sektion des Rotary-Clubs: Unter dem Motto *»Weltverständigung und Frieden durch Rotary«* trat zunächst der CSU-Regierungspräsident von Unterfranken, Philipp Meyer, aus, weil der Club-Vorstand Bastian ursprünglich halten wollte. Doch nachdem weitere Würzburger Rotarier die Mitgliedschaft des streitbaren Nonkonformisten beanstandeten, schied Bastian freiwillig aus, da es laut seinem Schreiben an den Club-Vorstand *»nicht in meiner Absicht liegt, die rotarische Harmonie zu beeinträchtigen ...«*

Wohl mehr wegen einer erwarteten Hochkonjunktur in Sachen Osthandel wurde dafür im Jahre 1988 Michail Gorbatschow von Rotary-Präsident Royce Abbey höchstpersönlich zum *»Paul Harris Fellow«* ernannt: eine besonders hohe Ehrung für verdienstvolle Mitglieder – aber auch für Nicht-Rotarier, die innerhalb eines Jahres mindestens 1000 Dollar spenden ...

Ziele

»Das Ziel von Rotary ist Dienstbereitschaft im täglichen Leben. Rotary sucht diesem Ziel auf folgenden Wegen näherzukommen:

- *Erstens durch Pflege der Freundschaft als einer Gelegenheit, sich anderen nützlich zu erweisen.*
- *Zweitens durch Anerkennung hoher ethischer Grundsätze im Privat- und Berufsleben sowie des Wertes jeder für die Allgemeinheit nützlichen Tätigkeit.*
- *Drittens durch Förderung verantwortungsbewußter privater, geschäftlicher und öffentlicher Betätigung aller Rotarier.*
- *Viertens durch Pflege des guten Willens zur Verständigung und zum Frieden unter den Völkern durch eine Weltgemeinschaft berufstätiger Männer, geeint im Ideal des Dienens.«*

So steht es schwarz auf weiß im umfangreichen Public-Relations-Material des Clubs, und vielleicht sollte man in Anbetracht des vorangegangenen Kapitels noch den eingeklammerten Zusatz *»nobody is perfect«* hinzufügen.

Eine weitere Rotarier-Spezialität ist die sogenannte *»4-Fragen-Probe«*, die als eine Art Faustregel zur Verbesserung aller zwischenmenschlichen Beziehungen betrachtet wird:

1. *Ist es wahr?*
2. *Ist es fair für alle Beteiligten?*
3. *Wird es Freundschaft und guten Willen fördern?*
4. *Wird es dem Wohl aller Beteiligten dienen?*

Diese Regel wurde im Jahre 1933 von Rotarier Herbert J. Taylor aus Chicago als eines der Mittel ausgearbeitet, um einen Betrieb vor dem Bankrott zu retten. Heute werden mit diesen Fragen versehene Plakate, Schilder und Druckschriften in den Büros der Mitglieder und an öffentlichen Gebäuden angebracht bzw. verteilt – außerdem werden die Arbeitnehmer sowie Kunden, Lieferanten und Konkurrenten der Mitglieder ersucht, sich in ihren Entscheidungen nach der 4-Fragen-Probe zu richten.

Image

»... Ein Rotarier zu werden bedeutet, einer Organisation beizutreten, deren Mitglieder einen bedeutenden Beitrag zur Verbesserung der Lebensqualität – auf Gemeindeebene und weltweit – leisten ... Ein Rotarier zu sein bedeutet auch, das Leben seiner Mitmenschen zu bereichern, während man selbst durch das Dienen eine Bereicherung erfährt ...«

Das Image des Rotary-Clubs ist hervorragend – selbst die unmittelbare, zahlenmäßig knapp überlegene Lions-Konkurrenz gesteht den Rotariern zu, *»immer einen Zahn vornehmer zu sein«*, und ein Hamburger Lions-Governor beantwortete die Frage nach dem Unterschied zwischen Lions und Rotary vielleicht sogar treffenderweise mit: *»Rotary nimmt keine Prokuristen auf ...«* Der Honoratiorenclub zählt zu Deutschlands feinsten Massenvereinigungen, in dessen mittlerweile rund 500 bundesdeutschen Clubs circa 20 000 Mitglieder zusammenkommen.

Und selbst wenn Rotarier und Farbenfabrikant Carl Erwin Leverkus vorbeugend korrigiert, Rotary *»sei kein Club reicher Leute«* und *»die strenge Selektion bei Neuaufnahmen habe nichts mit Exklusivität zu tun, sondern diene allein einer rund um den Erdball zündenden Verschwörung der Anständigkeit«*, so mögen solche Statements lediglich dazu angetan sein, so wenig wie möglich in die öffentliche Darstellung zu kommen. So bleibt in der Regel auch unerwähnt, daß in vielen Distrikten regelrechte – aus einem Rechtsanwalt, einem

Notar, einem Steuerberater bzw. Wirtschaftsprüfer, einem Bankdirektor, einem Ingenieur und einem Betriebswirt bestehende – Beraterstäbe existieren, die strauchelnden Mitgliedern nicht nur aus einer Patsche helfen können, sondern auch für eine Jobvermittlung gut sind.

Doch unbenommen dieser internen Karitas gibt sich der Club ausgesprochen spendierfreudig, wenn es um nackte Geldgeschenke geht:

- 20 000 Euro für einen Kinderspielplatz
- 25 000 Euro für einen Rettungswagen
- 5 000 Euro für die Aktion »Essen auf Rädern«
- 10 000 Euro für ein Brunnenbau-Objekt in Afrika

spendete unter anderem allein ein einziger Club mit knapp 40 Mitgliedern. Ob Grundstücke zur Begründung von Naturschutzgebieten verschenkt werden oder ob elf Distrikte zusammen eine Sonderspende in Höhe von 700 000 Euro aufbringen, um dafür sechs Häuser in einem Behinderten-Feriendorf zu erwerben – das Scheckheft ist ebenso mit dabei wie bei dem *»kleinen Mann«* das Eurostück, das er in die Sammelbüchse irgendeines gemeinnützigen Vereins fallen läßt.

Nun, Geldspenden liquider Männer und Frauen können eine gute Sache sein, und vermutlich wird sich manch einer – egal, ob Mitglied irgendeines Clubs oder nicht – mit dieser Art von Dienen die Absolution für schräge Geschäfte in die Seele packen. Doch ein Robin Hood wird man auf diese Weise nicht, denn der sagenhafte Räuber ging die Sache direkter an: Er wickelte seine befremdlichen Geschäfte ausschließlich deshalb ab, um die Beute an Bedürftige zu verteilen …

Clubleben

»... Ein Rotarier zu sein bedeutet einen großen Einsatz von Zeit und Energie. Jeder Rotary-Club trifft sich wöchentlich, und von den Mitgliedern wird erwartet, daß sie möglichst häufig an den Zusammenkünften teilnehmen. (Rotarier können eine verpaßte Zusammenkunft nachholen, indem sie an einer Zusammenkunft irgendeines Rotary-Clubs auf der ganzen Welt innerhalb einer Woche vor oder nach der Abwesenheit teilnehmen.)

Zusätzlich zur Präsenzpflicht wird von Rotariern erwartet, daß sie aktiv an Clubprojekten teilnehmen. Ein weiterer Aufwand an Zeit und Energie ist notwendig, wenn ein Rotarier das Amt eines Clubpräsidenten oder Distriktgovernors annimmt ...«

Strenge Sitten, denn wer mehr als 40 Prozent der jährlichen Versammlungen versäumt, dem droht das automatische Erlöschen der Mitgliedschaft – es sei denn, der Clubvorstand hat persönlich von der Präsenzpflicht befreit. Neben den berühmten Mittagessen und der Erörterung anstehender Service-Projekte bietet das Clubleben auch unter Ausschluß der Öffentlichkeit abgehaltene Vorträge – rund 1000 monatlich allein in den bundesdeutschen Clubs. Als Beispiel für einen Vortragsmonat kann folgende Aufstellung vom Juni 1988 stehen, die wie immer 15 Themengruppen umfaßt:

- *Rotary (26 Vorträge)*
- *Politik, Verwaltung, Nachrichtenwesen (78 Vorträge)*
- *Soziale Probleme, Gesellschaftspolitik (57 Vorträge)*
- *Wirtschaft, Handel, Geldwesen (127 Vorträge)*
- *Technik, Industrie, Verkehr (68 Vorträge)*
- *Futurologie (9 Vorträge)*
- *Erziehung, Hochschule, Jugend (26 Vorträge)*
- *Rechtswesen (39 Vorträge)*

- *Medizin (80 Vorträge)*
- *Geschichte (81 Vorträge)*
- *Philosophie, Religion (55 Vorträge)*
- *Kunst und Kultur (89 Vorträge)*
- *Landschaft, Natur, Naturwissenschaft (67 Vorträge)*
- *Reisen, Ausland (78 Vorträge)*
- *Hobbies, Verschiedenes (53 Vorträge)*

Man darf davon ausgehen, daß der Grundtenor dieser Vorträge politisch erzkonservativ ist, doch davon abgesehen vermitteln diese in der Regel auf hohem Niveau dargebotenen Ansprachen einen unübersehbaren Vorteil: Kapazitäten aller Themenkreise sorgen durch aktuelle Information dafür, daß hellhörige Rotarier dem »Mann auf der Straße« stets mit einem mehr oder weniger kleinen Quantum Wissen voraus sind – auch wenn Rotarier Otto Graf von Lambsdorff in einem der Düsseldorfer Clubs die Binsenweisheit predigt, *»daß ein bestimmtes Maß an Wirtschaftswachstum in einer Volkswirtschaft unabdingbar ist«* . . .

Mitglieder

Um die Mitgliedschaft bei Rotary kann man sich, wie bei den meisten anderen Clubs auch, nicht bewerben. Insbesondere bei Rotary jedoch wird streng darauf geachtet, daß nur *»die richtigen Leute drin sind«*. Als wesentliche Kriterien für die Aufnahme eines neuen Mitglieds gelten in der Regel hohe Einkünfte, überdurchschnittlicher Einfluß, elegante Manieren sowie möglichst akademische Titel und Ehrenämter. Das Berufsklassen-Prinzip, nach dem von jedem Berufsstand jeweils nur ein Mitglied in einem örtlichen Club vertreten sein darf, wird nach der scherzhaft gemeinten Aussage eines ehemaligen Präsidenten auch schon einmal überdehnt: *»Wenn im Rotary-Club schon ein Frauenarzt ist und ein zweiter soll rein, wird einfach die Klassifikation geändert, daß sie den einen als Spezialisten für die obere und den anderen für die untere Hälfte ausweist.«*

Industrielle oder Leiter von Industriebetrieben stellen mit gut einem Drittel den Hauptanteil bei den bundesdeutschen Rotary-Mitgliedern, danach folgen Mediziner, Wissenschaftler, Forscher, Juristen, Banker, Militärs, Geistliche und Journalisten. Meinungsträger schlechthin, von denen hier nur einige aufgezählt werden können, die dabei sind oder waren:

Wolfgang Altenburg
Gert Bastian
Jürgen Brandt
Ernst Benda
Hans Bierbrauer (Oskar)
Wilhelm Cuno
Kurt Edelhagen
Josef Ertl
Hans-Dietrich Genscher
Hermann Gmeiner
Alfred Herrhausen
Otto Graf Lambsdorff
Franz Lehár
Thomas Mann
Josef Neckermann
Rolf Rodenstock
Helmut Schmidt
Rupert Scholz
Christian Schwarz-Schilling
George Bernard Shaw
Ernst von Siemens
Karl-Ernst Vaillant
Walter Wallmann
Felix Wankel
Jürgen Warnke
Richard von Weizsäcker
Peter Würtz

Eine illustre Gesellschaft, zu der überdurchschnittlich viele bundesdeutsche Oberbürgermeister und Oberstadtdirektoren ebenso gehören wie höchste Richter, Bundestagsabgeordnete und Regierungspräsidenten. So darf man mit der Straßburger Sozialwissenschaftlerin Carole Reich und ihrer Arbeit *»Ein Führungskreis in der Bundesrepublik«* Seite an Seite verbreiten: *»Was die Stärke und Macht der Rotarier ausmacht, ist... die Verknüpfung und Durchdringung verschiedenster Bekanntschaften, Einflußnahmen und Beziehungen.«*

Und damit dieses Erbe nicht nur vom Vater an den Sohn weitergegeben werden kann, kümmert sich Rotary in Form von eigenen Kaderclubs um die entsprechende Selektion des Nachwuchses: In rund 6000 Interact Clubs in 90 Ländern werden mehr als 131 000 interessierte Jugendliche zwischen 14 und 18 Jahren und in über 4000 Rotaract Clubs in 100 Ländern circa 95 000 junge Erwachsene zwischen 18 und 29 Jahren auf ihre zukünftigen Aufgaben vorbereitet.

Frauen unerwünscht

Was das Thema Frauen im Club betrifft, hat eine Entscheidung des Obersten Gerichtshofs der Vereinigten Staaten von Amerika vom 4. Mai 1987 die Männerorganisation empfindlich getroffen: Nach einem zehn Jahre währenden Rechtsstreit des frauenfeindlichen Rotary-Clubs von Duarte/Kalifornien gegen den rotarischen Zentralverband stellte das angerufene Gericht zweifelsfrei fest,

- *daß die Hauptzwecke von Rotary International, Freundschaft und Dienstleistung, durch die Aufnahme von Frauen nicht beeinträchtigt sind,*
- *daß die Repräsentativität durch die Aufnahme von Frauen erhöht werde*
- *und daß das Recht der freien Mitgliederwahl zugunsten des Schutzes der Frauen vor Diskriminierung zurückstehen muß.*

Ein harter Schlag, den der damalige Präsident von Rotary International mit den resignierenden Worten: *»Ich habe die Zeit genossen, in der wir nur Männer waren«* kommentierte. In der Bundesrepublik Deutschland darf jedoch weiter genossen werden, denn der Gießener Professor für öffentlichtes Recht und Rotarier Steiger kam im

Rahmen einer Untersuchung der deutschen Rechtslage des leidigen Frauenproblems zu dem Fazit, *»daß der Vereinigungsfreiheit und dem Recht auf freie Wahl der Mitglieder der Vorrang vor der Gleichberechtigung einzuräumen ist«*. Weibliche Gäste sind den deutschen Rotariern natürlich trotzdem herzlich willkommen, solange sich ihre Anwesenheit auf die typischen Damenprogramme beschränkt: Kaffee und Kuchen, Tanzen, Zaubershow sowie ein wenig Kultur – man gönnt sich ja sonst nichts ...

Rotary International

Über eine Million dienstbereite Mitglieder in 168 Ländern und geographischen Regionen zählt Rotary – die wöchentlichen Versammlungen betreffen weltweit über 24 000 Clubs in 475 Distrikten.

War das Motto im Jahre 1955/56 mit der rotarischen Kolonisation von Angola, Burundi, Iran, Irak, Elfenbeinküste, Jordanien, Niederländisch-Neuguinea und Swasiland noch *»Entdecken Sie unsere Ressourcen«*, lautete es im Geschäftsjahr 1987/88 *»Rotarier – vereint im Dienen – im Einsatz für den Frieden«*: Man konnte Rotary Polen wieder aktivieren und kürzlich sogar in Moskau einen Club gründen. Wie sich das Blatt gewendet hat, denn vor noch wenigen Jahren erklärte ein Berliner Rotary-Sekretär zur Nichtpräsenz in Moskau, Rotary sei ein Produkt der Freiheit und brauche deshalb freie Luft zum Atmen ...

Der stolze Rekord vom Jahr 1988/89, in dem alle zwölf Stunden ein neuer Club entstand, kam aus der Zentrale von Rotary International im amerikanischen Evanston/Illinois, die von neun Zweigbüros in neun Ländern und fünf Kontinenten unterstützt wird. Und wer im Besitz der sogenannten Bibel, dem über tausend Seiten starken Mitgliederverzeichnis ist, hat in der Welt der Rotarier (Eigenreklame: Von Argentinien bis Zaire, von Chile bis Südafrika) die Wahl unter einem Millionenheer von Freunden. Daß es bei dieser Freundschaft bleibt, dafür sorgt die Broschüre *»Rotary – sein Aufbau und Wirken«*, die genau 168 rotarische Fragen beantwortet – zwei von ihnen als Beispiel, wie die Mitglieder durch die Tücken des Alltags geführt werden:

88. Sollte ein besuchender Rotarier, der weder Mitglied noch ein geladener Gast des Clubs ist, es zulassen, daß der von ihm besuchte Club sein Essen bezahlt?
Nein. Unter den oben erwähnten Umständen sollte der besuchende Rotarier in Übereinstimmung mit den rotarischen Gepflogenheiten sein Essen selbst bezahlen.
89. Was sollte ein Club oder Mitglied tun, wenn er von einem Rotarier um finanzielle Unterstützung gebeten wird?
Unter solchen Umständen sollte man sich zuerst telefonisch oder per Telegramm bei seinem Club vergewissern, daß der Betreffende wirklich Rotarier ist. Wenn es sich um eine Angelegenheit auf Treu und Glauben handelt, wird sich der Besucher ohne weiteres über seine Mitgliedschaft ausweisen.

Gemeindienst

Der bei Rotary praktizierte Dienst am Menschen läuft zweigleisig: Zum einen funktioniert die Organisation durch die örtlichen Machtkartelle fast reibungslos als Selbstbedienungsladen für den einen oder anderen persönlichen Vorteil zugunsten der Mitglieder – diese Tatsache wird nur von mutigen Mitgliedern bestätigt. Die weniger mutigen Rotarier sprechen ausschließlich von der zweiten

Schiene, die sich dem nicht-rotarischen Gemeinwesen widmet. Oft als das »*Herz*« der Rotarys bezeichnet, sind die Projekte des Gemeindienstes ein wichtiger Bestandteil der Clubaktivitäten. Selbstverständlich macht es sich gerade hier bezahlt, daß nach dem Berufsklassenprinzip vielschichtiges Fachwissen bereitsteht, das in die einzelnen Vorhaben mit eingebracht werden kann. Rund 50000 solcher Service-Projekte werden jährlich von den Rotary-Clubs in aller Welt durchgeführt, wobei als besonders begrüßenswert hervorgehoben werden muß, daß für gutgeheißene Projekte auch die Verantwortung für deren Durchführung übernommen wird.

Rotary-Stiftung

Im Rahmen der Rotary Foundation werden jährlich mehr als 40 Millionen Dollar für humanitäre und Bildungszwecke aufgewendet – eine Summe, die sich nicht aus den Mitgliedsbeiträgen, sondern aus freiwilligen Spenden der Mitglieder ergibt: Durchschnittlich 40 Dollar pro Mitglied und Jahr lassen diesen Betrag in greifbare Nähe rücken. Wie die Stiftung in etwa arbeitet, soll am Beispiel der Foundation-Statistik aus dem Jahre 1987/88 dargestellt werden:

- *Stipendien: 1382 Studenten aus 73 Ländern studierten in 65 Gastländern*
  Kosten: 16,6 Millionen Dollar
- *3-H-Programm (Gesundheits-, Hunger- und Humanitätsprogramm): Bereits existierende und 21 neu bewilligte Projekte*
  Kosten: 3,3 Millionen Dollar
- *Polio Plus: 290 Millionen Impfungen gegen Kinderlähmung in 45 Ländern, 18 neue Projekte*

Kosten: 45,5 Millionen Dollar

- *Studiengruppenaustausch: 322 Gruppen mit 1300 Teilnehmern*
  Kosten: 2,9 Millionen Dollar
- *Sonderzuwendungen: 155 Zuwendungen für Projekte in 50 Ländern*
  Kosten: 1,8 Millionen Dollar
- *Katastrophenhilfe: 17 Zuwendungen an 14 Länder*
  Kosten: 250 000 Dollar

Die aufaddierten Summen seit der Stiftungsgründung im Jahre 1917 ergaben zum Stichtag 30. Juni 1989 ein Stiftungsvermögen von 302 010 581 Dollar – nicht schlecht für eine Vereinigung, die von vier Männern gegründet wurde, die eigentlich nur das Aufblühen ihrer eigenen Geschäfte im Sinn hatten.

Getreu dem rotarischen Motto *»Dienen geht über das eigene Ich«* sieht die Praxis der Vergabe von Stiftungsgeldern übrigens so aus, daß Rotarier, Angestellte bei Rotary bzw. deren Angehörige nicht berechtigt sind, sich um ein Stipendium oder eine Zuwendung der Foundation zu bewerben.

Round Table

Zwischen den »Lebensabschnitten« Studentenverbindung und Altherrenclub postieren sich die sogenannten Young Men's Service Clubs – Vereinigungen für junge Männer zwischen 18 und 40 Jahren.

Ein junger englischer Rotarier, Louis Marchesi aus London, fand offensichtlich wenig Gefallen am hohen Durchschnittsalter seines Clubs und begegnete der empfundenen Inaktivität der erstarrten Formen auf seine Art: Im Jahre 1927 gründete er, quasi als Verjüngungskur, den ersten Round Table Club, dessen Mitglieder sich zur Anregung der Kommunikation um einen runden Tisch versammelten. Die eigentliche Anregung für diese Initiative stammte vom Prinz of Wales, dem späteren Herzog von Windsor, der jungen Menschen empfahl, bewährte Traditionen gezielt mit der Gegenwart zu verbinden, um auf diesem Wege zu mehr Lebensqualität zu gelangen.

»Adopt – adapt – improve« (Annehmen – Anpassen – Verbessern) lautet das Motto von Round Table, zu dessen Mitgliedern unter anderem Alfred Biolek, Claus Hinrich Carsdorff und Otto Graf von Lambsdorff gehörten – bis zum 40. Geburtstag, denn dann endet die ordentliche Mitgliedschaft, und man wird als *»Oldie«* entlassen.

In die Bundesrepublik Deutschland kamen die Tabler im Jahre 1952 (Hamburg), heute stehen bei uns in 165 Städten 180 Tische mit insgesamt 3100 Mitgliedern.

Weiblicher Zulauf ist in der Regel nicht willkommen, so daß *»Tabletten«* – bis auf einige Lady-Tische in England – nur selten anzutreffen sind. Vielleicht auch deshalb, weil die Sitten und Interessen der Clubs dem Lebensgefühl typischer Mittdreißiger entsprechen: Berufliche Anspannung, Existenzaufbau und das Formen der eigenen Familie garantieren Frauen nicht gerade einen pflegeleichten Umgang mit Männern dieses Alters. Die Zielsetzung der Vereinigung, die mit rund 2500 Clubs und insgesamt rund 50000 Mitgliedern in mehr als 40 Ländern vertreten ist, ist klar definiert:

- *Förderung und Vertiefung der Freundschaft junger Menschen untereinander durch Austausch ihrer beruflichen Erfahrungen und durch gemeinsamen Dienst an der Allgemeinheit*
- *Stärkung des Bewußtseins, daß jeder Verpflichtungen gegenüber der Allgemeinheit hat*
- *Förderung hoher Ideale im beruflichen und gesellschaftlichen Leben*
- *Bildung und Vertiefung internationaler Verständigung, Freundschaft und Zusammenarbeit*

Ein Karrierehelfer für junge Aufsteiger? Kaschiert durch gelegentliche Hilfsaktionen, wie beispielsweise den gemeinnützigen Verkauf von Christbäumen mit Glühwein?

»Round Table Deutschland ist dem Servicegedanken verschrieben. Über die Aktivitäten entscheidet das AGM (Annual General Meeting – Jahreshauptversammlung aller Tische)…« – so ein ehemaliger Präsident von Round Table Deutschland, ein Frauenarzt aus Kulmbach. Doch nicht nur Ernstes kommt bei dem dynamischen Club auf den Tisch: Wer einen dafür bestimmten Wanderpokal auf dem Tisch hat, muß binnen Vier-Wochen-Frist den Nachbar-Table einladen, ansonsten stürmt der solchermaßen Verschmähte den säumigen Club – unangemeldet, versteht sich…

Schlaraffen

Vom mittelhochdeutschen Wort »slur« stammt der Ausdruck Schlaraffe und bedeutet soviel wie Faulenzer – das Schlaraffenland also als Märchenland, wo Milch und Honig fließen und dem Faulenzer die gebratenen Tauben in den Mund fliegen ...

»In arte voluptas« (in der Kunst liegt die Wollust) – unter diesem Motto treffen sich die Schlaraffen zur Pflege von Kunst und Humor. Gegründet von einer deutschen Schauspielgruppe am Prager Landestheater, wuchs der reine Männerbund auf mittlerweile knapp 7000 bundesdeutsche Mitglieder an; weltweit, d.h. auch in Österreich, in der Schweiz und in den Vereinigten Staaten, gehen rund 11 000 Schlaraffen ihrer ausgefallenen Clubidee nach. Nicht nur, daß die Schlaraffen als einzige internationale Vereinigung ausschließlich deutsch sprechen – sie haben auch eine aufwendige Clubsprache, mit der sie sich von der profanen Außenwelt unterscheiden: Genau 106 Vokabeln muß der aufnahmesuchende Pilger laut § 22 des Ceremonials auswendig lernen: Hier einige der meist aus dem ritterlichen Umfeld stammenden Ausdrücke:

Aha = Kristallpokal, aus dem nur Ritter trinken dürfen
Ahnen = Orden
atzen = essen
Brandlethe = Schnaps
Burg = Gasthaus

Burgfräulein = Kellnerin
Burgmaid = Tochter eines Mitglieds
Burgschreck = Schwiegermutter eines Mitglieds
Burgteich = Pfütze vor der Tür
Burgvogt = Wirt
Fechsung = musikalischer Beitrag beim Treffen
Heimburg = Wohnung
Hoftage = große Gelage
Junker = Vollmitglied
Knappe = neues Vollmitglied
Kolonie, Reych = Region um die Burg
laben = trinken
Lanze = hölzerner Trinkhumpen
Lethe = Wein
Lulu = Bravo
Luntelle = Zigarette
Mundschenk = Kellner
Pilger = neuer Kandidat
Pön = Strafe
Profane = Nicht-Schlaraffen
Prüfling = Mitglied zur Probe
Quell = Bier
Ritter = stimmberechtigtes Mitglied
Rostra = Rednerpult
Sassen = Schlaraffen
Schaumlethe = Champagner
Schlaraffenpaß = Dokument zur Anwesenheitskontrolle
Sippung = Treffen
Stammrolle = Mitgliederverzeichnis
Turney = Fest ohne Anlaß
Uhuversum = Welt

Doch nicht nur die Sprache geht ihre eigenen Wege, sondern auch die Zeitrechnung: Der 1. des Brachmond Anno Uhui 132 beispielsweise stellt den 1. Juni 1991 dar, denn die Zeitrechnung der humorigen Vereinigung beginnt mit ihrer Gründung, dem Jahr 1959.

Unter dem Zeichen des Uhus, im Emblemata-Handbuch als Zeichen der Aufopferung und der List des Teufels angeführt, versammelt man sich zu Vorträgen und Selbstgedichtetem in der jeweiligen Burg, wobei jedoch strenge Richtlinien für einen reibungslosen Ablauf der Sippungen sorgen:

»... Der fungierende Oberschlaraffe schmückt sich mit Hilfe der Truchsesse mit den Abzeichen seiner Würde. Er begibt sich auf den obersten Thronsitz, die nichtfungierenden Oberschlaraffen begeben sich auf die Thronsitze zu beiden Seiten des fungierenden Oberschlaraffen.

Der fungierende Oberschlaraffe ordnet den Tamtamschlag an und erklärt die Sippung mit fortlaufender Nummer für eröffnet, mit den Worten: ›Wir erklären die X. Sippung für eröffnet.‹ Der Tamtamschlag ist das gebieterische Zeichen, daß jeder in der Burg Anwesende seinen Platz einzunehmen und tiefste Stille zu beachten hat. Jede Störung nach erfolgtem Tamtamschlag wird streng gepönt.

Bei Eröffnung der Sippung hat sich jeder Sasse mit dem Abzeichen seines Standes und seiner Würde zu bekleiden und darf diese nur nach eingeholter Erlaubnis des fungierenden Oberschlaraffen ablegen ...«

Damit der Spaß aber trotzdem nicht zu kurz kommt, schmücken sich die hierarchisch betitelten Kanzler, Reychsmarschalle, Junker, Zeremonienmeister, Fanfarenmeister, Säckelmeister etc. mit absonderlichen Spitznamen wie beispielsweise Cantabilus, Mistral, Dichtelfink, Sven-Hindus, Schmier-Flink oder Versefex – nachzulesen als Autorennamen über schlaraffischen Gedichten im Cluborgan »Derer Schlaraffen Zeyttungen«.

Zwar ist offiziell in Vorträgen, Protokollen und Ansprachen alles zu meiden, was geeignet ist, die religiösen, politischen und sittlichen Gefühle eines Schlaraffen zu verletzen, doch hin und wieder kommt es bei allem Humor doch zum clubinternen Eklat: Grund genug für ein ritterliches Duell, das fester Bestandteil des Schlaraffen-Rituals ist. Je nach Schwere der Beleidigung wird sofort oder nach angemessener Vorbereitungszeit mit geistigen Waffen gekämpft, indem der Oberschlaraffe ein beliebiges Thema aufwirft, das die Duellanten sprachlich, musikalisch oder bildnerisch ausfechten müssen. § 14 des Ceremonials beschreibt auch, was zu tun ist, falls ein Schlaraffe stirbt:

»Ist ein Schlaraffe in Ahalla eingeritten, so hat die Übertragung seines Lichtbildes in die in der Burg seines Reyches errichtete Ahalla zu erfolgen. Unter Führung des Ceremonienmeisters und unter Vorantritt des Oberschlaraffen wird das Lichtbild vom Burgvogt unter Begleitung der Sassenschaft des Reyches in die Ahalla getragen und dort für alle Zeiten bewahrt. Der fungierende Oberschlaraffe hält dem in Ahalla Eingerittenen einen feyerlichen Nachruf. Dem Range nach verbeugen sich vor diesem Lichtbild in tiefem Ernst alle in der Burg anwesenden Schlaraffen. Ein dargebrachtes Trauerlulu beschließt die wehmutsvolle Feyer. Als äußeres Zeichen der Trauer wird während der ganzen Sippung eine schwarze Florschleife am Helm getragen. Nach dem Eintritt eines Oberschlaraffen in Ahalla wird diese Trauerschleife drei Monate hindurch in allen Sippungen getragen.«

Eine mystische Angelegenheit, in deren Genuß unter anderem nachstehende prominente Schlaraffen kamen: Albert Eilers, Ludwig Ganghofer, Paul Hörbiger, Leo Kowalsky, Franz Lehár, Gustav Mahler, Peter Rosegger, Franz Thomé usw.

Die einzige wirkliche Schwachstelle in der rund 130jährigen Vergangenheit des humorigen Clubs bildete während der Nazizeit die Loslösung vom Gründungsort Prag, um in Leipzig eine arische Bruderkette zu gründen: Der »Deutschen Schlaraffia« indes half dieser traurige Purzelbaum nichts, denn auch sie wurde – wie fast alle clubähnlichen Vereinigungen – von den Nationalsozialisten nicht verschont.

Soroptimist

»Gibt es Soroptimismus? Das vertrakte Wort Soroptimismus taucht mehr und mehr auf. Entspricht es denn dem, was unsere Vereinigung Soroptimist International tatsächlich ist? Eine Frage, die wir uns stellen sollten.

Es gibt diese ›Ismen‹ als Namen von Systemen, Ideologien, Weltanschauungen: Bolschewismus, Kommunismus, Sozialismus, Nationalsozialismus, Feudalismus; als Übersteigerung: Extremismus, Exorzismus, Exhibitionismus, Vandalismus, Voyeurismus. Man denke hier auch über Feminismus nach.

Aber wir sind Soroptimist International, eine Vereinigung von Frauen – keine Bewegung. Wir haben zwar unsere soroptimistischen Ziele, die wir in und mit der Vielfalt unserer Individualitäten und nicht in der Eingeengtheit einer Ideologie anzustreben, zu verwirklichen suchen. Wollen wir uns in die festen Formen eines ›Ismus‹ zwängen lassen? Und sollte man das Wort Soroptimismus nicht schon im Hinblick auf die nächste Soroptimist-Generation und die Gefahr, daß daraus eines Tages eine Ideologie werden könnte, von vorneherein ausschließen? Denn ›nomen est omen‹.«

Diese berechtigte Frage stellte ein Mitglied im offiziellen Mitteilungsblatt des Clubs »soroptimist intern«/Juli 1989 – vielleicht auch nur, damit der Service-Club keine Kopie der Lions wird, denen der Begriff Lionismus gerne und häufig von den Lippen geht.

Vom lateinischen *»sorores optimae«*, die besten (aller) Schwestern, stammt der Name Soroptimist – zweifelsohne eine elitäre Zielsetzung, auch wenn die clubeigene Definition ein wenig zurücksteckt: *»Die Schwestern, die danach streben, ihr Bestes zu geben.«*

Entstehung

Die Vereinigung wurde als letzter der fünf großen amerikanischen Service-Clubs im Jahre 1921 gegründet (Rotary 1905, Kiwanis 1915, Lions 1917, Zonta 1919), so daß die Idee nicht mehr ganz eigenständig war. Hauptsächliche Motivation für die Gründung einer zweiten Frauenorganisation neben den Zontas war der Umstand, daß viele Frauen im Amerika zur Zeit des Ersten Weltkriegs ursprünglich männliche Arbeitsplätze eingenommen und sich bis zum Kriegsende zu Schlüsselpositionen hochgearbeitet hatten. Um diese Stellung auch in der Nachkriegszeit nicht zu verlieren und um die neu entdeckten Fähigkeiten zu erhalten, schlossen sich im kalifornischen Oakland unter der Führung von Violet Richardson Ward 80 Frauen zum ersten Soroptimist-Club zusammen.

Bereits innerhalb der nächsten zwei Jahre entstanden weitere Clubs in San Francisco, Los Angeles und Sacramento sowie in den Ostküste-Städten Washington D.C. und New York. Im Jahre 1924, zweieinhalb Jahre nach seiner Gründung, überquerte der Club den Ozean: London und Paris waren die neuen Niederlassungen der Soroptimist-Schwestern. Die weitere Expansion 1930 führte nach Kanada, Holland, Italien, Österreich, Deutschland, Belgien, Schweiz und Schottland sowie in Länder Osteuropas und Asiens.

Wie fast alle anderen Vereinigungen auch erlitten die Soroptimisten zwischen 1939 und 1945 empfindliche Einbußen: Die Clubs in Estland, Litauen, Polen, Ungarn, Japan und Peking verschwanden völlig von der Bildfläche, andere wurden lediglich »eingefroren«, so daß es schließlich bis 1951 dauerte, bis sich die Schwestern in Berlin wieder offiziell und öffentlich trafen.

Ziele

Die Soroptimisten verstehen sich ausdrücklich nicht als karitative Organisation, obwohl sie als Service-Club natürlich auch altruistisch organisierte Elemente aufweisen. Als Ziele und Aufgaben sind laut Satzung aufgeführt:

- *hohe ethische Werte im Berufs- und Geschäftsleben wie auch in anderen Lebensbereichen zu wahren,*
- *sich für die Menschenrechte und besonders für die Verbesserung der Stellung der Frau einzusetzen,*
- *Freundschaft und das Gefühl der Zusammengehörigkeit der Soroptimisten aller Länder zu vertiefen,*
- *Hilfsbereitschaft und menschliches Verhalten zu fördern,*
- *weltweit zu internationaler Verständigung und Achtung beizutragen,*
- *die Verbindung zwischen den Clubs zu pflegen, um die Interessen und die Ideale zu fördern, die Soroptimist-Clubs in aller Welt vertreten,*
- *neue Clubs zu gründen,*
- *über die Einhaltung der Satzung zu wachen.*

Zu der Frage »*Was ist Soroptimistische Freundschaft?*« ein paar in »soroptimist intern«/Juli 1989 erschienene Gedanken der Ex-Unionspräsidentin Sieglinde Gerozissis – zwar ist der Begriff Freundschaft fester Bestandteil jeder Clubsatzung, doch die meistern dieser Regeln beziehen sich auf sogenannte Männerfreundschaften:

»... Frauenfreundschaften gibt es nicht – sagen die Männer: eine gefährliche gesellschaftliche Konditionierung, weil Frauen sich dieser Erwartung anpassen.

Begründet wird dies mit der Lebenserfahrung, die durch Statistiken belegt wird. Männerfreundschaften sind stabiler und halten statistisch länger als Frauenfreundschaften . . .

. . . Nämlich bei Frauenfreundschaften ist die intensive persönliche Bindung zur Freundin, deren Wesen und Persönlichkeit, deren Ausstrahlung das wesentliche Kriterium; Frauen investieren Gefühle, erwarten und geben Vertrauen und Zuwendung – was dann auch zu schnellerer Verletzlichkeit und Enttäuschung führen kann.

Freundschaft unter Männern ist anders, in dieser Beziehung oberflächlicher, jedenfalls pragmatischer, aufgebaut auf gemeinsamen, meist beruflichen Interessen. Halten sie deswegen länger, weil sie nicht so tief gehen, Emotionen aussparen? – nicht so intim sind? . . .«

Nicht gerade objektiv, dieses Statement, das vielleicht gar nicht für eine allgemeine Publikation gedacht war, sondern lediglich den Schwestern das Rückgrat stärken sollte.

Freundschaft hin – Freundschaft her: Es geht letztendlich um eine gemeinsame ideelle Basis, für die eine Satzung und somit eine gewisse Ordnung besteht. Daß darüber hinaus private Kontakte entstehen und somit zu einer Freundschaft führen können, sei unbenommen. Doch – egal, ob bei Männer- oder Frauenvereinigungen – im Rahmen eines straff organisierten und beitragspflichtigen Clublebens überhaupt von Freundschaft zu sprechen könnte der ursprünglichen Bedeutung dieses strapazierten Begriffs nicht gerecht werden.

Clubleben

Referate, Berichte und Diskussionen aus der Berufs- und Lebenswelt der Mitglieder, aber auch der geladenen (männlichen) Gäste, sind Mittelpunkt der monatlichen Meetings. Da auch im Urlaub die Clubzugehörigkeit gepflegt werden kann, ist es möglich, an den Clubtreffen überall in der Soroptimist-Welt teilzunehmen. Bei den Versammlungen besteht zwar offiziell Präsenzpflicht, doch Anwesenheitslisten werden, wie bei manchem anderen Club, keine geführt, weil die Organisation nur Schwestern in ihren Reihen haben möchte, die freiwillig kommen.

Natürlich gelten auch bei den Soroptimisten die allgemeinen Grundsätze der parteipolitischen und konfessionellen Neutralität sowie der Toleranz – Engagement in Sachen rechtlicher, sozialer und beruflicher Sicherung der Frau steht dagegen obenan.

Daneben debattiert man jedoch auch über karitativen Einsatz, und man sammelt Bares, um gute Taten zu vollbringen: Der Soroptimist Hilfsfonds spricht hier für sich selbst. Begrüßenswert scheint, daß sich beispielsweise in Essen bereits im Jahre 1987 die beiden Frauenclubs Soroptimist und Zonta zu einer gemeinsamen Veranstaltung zusammengefunden haben – ein guter Ansatz, um vereint *»an einem Strick zu ziehen ...«*

Mitglieder

Über Nachwuchsprobleme klagen die Soroptimisten ebenso wie manche andere ähnlich geartete Vereinigung. Viele junge Frauen, die der Clubidee im Prinzip aufgeschlossen gegenüberstehen, stoßen sich am durchschnittlich hohen Alter der Mitglieder. Versteht sich, daß besonders jüngere Frauen auch weniger bereit sind, Clubämter zu übernehmen, denn bezahlt wird außer dem Ersatz von Reisekosten keine Mark. Hier muß sich dieser und auch andere Clubs attraktive Maßnahmen einfallen lassen, damit wenigstens hin und wieder ein frischer Wind durch die Versammlungen weht.

Königin Beatrix der Niederlande, Margaret Thatcher, Paula Wessely und Elisabeth Schwarzhaupt führen oder führten die Prominentenliste der weltweit rund 90 000 Mitglieder an, für deren Aufnahme stets dieselben Bedingungen gelten:

- *ein Mindestalter von 21 Jahren*
- *ein gegen Entgelt ausgeübter Beruf oder eine entsprechende Tätigkeit einschließlich des Berufs der Hausfrau; eine politische Tätigkeit gilt nicht als Beruf*
- *eine besondere berufliche und menschliche Qualifikation*
- *die Einführung durch ein Clubmitglied, Einladung durch die Präsidentin des Clubs und Zustimmung der Clubmitglieder*

Die meisten Soroptimisten-Frauen sind lebenslänglich dabei, wobei als einzige Einschränkung gilt, daß sie anläßlich ihres siebzigsten Geburtstags mit dem Rückzug aus den offiziellen Clubämtern rechnen müssen. Setzte man diese Grenze um zehn Jahre herab, würde es den älteren Mitgliedern nicht direkt schaden, der Organisation jedoch einen beträchtlichen Altersrutsch nach unten bescheren.

Soroptimisten gibt es in allen Kontinenten – über 2700 Clubs in 83 Ländern bilden die Welt dieser internationalen Organisation. In der Bundesrepublik Deutschland bestehen zur Zeit 70 Clubs mit insgesamt 2000 Mitgliedern; die Tendenz zu Neugründungen ist stark steigend.

Soziale Aktivitäten

Soroptimist International hat konsultativen und teils antragsberechtigten Status bei folgenden Unterorganisationen der Vereinten Nationen (UN) und ist dort mit ständigen Repräsentanten vertreten:

- *Zentrum für soziale Entwicklung und humanitäre Angelegenheiten (CSDHA)*
- *Wirtschafts- und Sozialrat (ECOSOC)*
- *Ernährungs- und Landwirtschaftsorganisation (FAO)*
- *Internationale Arbeitsorganisation (ILO)*
- *Umweltorganisation (UNEP)*
- *Organisation für Erziehung, Wissenschaft und Kultur (UNESCO)*
- *Hochkommissariat für Flüchtlinge (UNHCR)*
- *Weltkinderhilfswerk (UNICEF)*
- *Weltgesundheitsorganisation (WHO)*

Neben Aufgaben in diesen Organisationen und weltweiten Programmen auf internationaler Ebene bietet sich für deutsche Soroptimisten eine weitere Möglichkeit zur Durchführung sozialer Betätigung: Im Jahre 1963 wurde von den Clubs der Deutschen Union der Soroptimist Hilfsfonds ins Leben gerufen, dessen Ziele auch heute noch der Dienst am Mitmenschen, Hilfe in Notsituationen, Katastrophenhilfe, Altershilfe u. a. sind.

Der Übersee-Club

Schauplatz Freie und Hansestadt Hamburg: Der größte Seehafen der Bundesrepublik an der Unterelbe besteht nicht nur aus St. Pauli, Sturmflutschutz, Deutschlands ältester Oper, wissenschaftlichen Instituten, Bundesbehörden, Verlagen und einer vielseitigen Industrie – Hamburg ist eine Handelsstadt par exellence. Verantwortlich für diese Eigenschaft zeichnet noch immer der Geist der Hanse, dieser großen Kaufmannsgemeinschaft der meisten norddeutschen Städte im Mittelalter. Zwar verfiel die in Nordeuropa führende Macht der Hanse im 16. Jahrhundert, doch bis zum heutigen Tag geblieben sind die Hanseaten. Als ein wenig steif und ausgesprochen standesbewußt gelten sie, aber auch wer nicht zum norddeutschen Landadel gehört, soll angeblich eher zum Konservativ-Klassischen als zum riskanten Experiment neigen.

Der neue Jungfernstieg ist sicherlich eine gute Adresse, doch das Amsinck-Haus mit der Nummer 19 dürfte in Deutschland einmalig sein, denn hinter der schweren Holztüre des alten Patrizier-Palais verbirgt sich laut Ehrenpräsident Prof. Dr. Rolf Stödter »one of the most prestigious clubs of the continent«. Und da großes Ansehen traditionell mit gutem Aussehen verknüpft ist, wurde das Clubhaus in britischem Stil ausstaffiert: Vestibül, Halle, Lederpolsterbar, Marmortreppe und oben Salons für 16 bis 54 Gäste.

Geschichte

Als der Übersee-Club am 27. Juni 1922, genau fünf Tage nach der Ermordung des Großindustriellen und Reichsaußenministers Walther Rathenau, feierlich eröffnet wurde, vermißte man den Clubgründer Max Warburg: Aufgrund der drohenden Attentatsgefahr ließ er sich wegen »Verhinderung« entschuldigen. Daß die Taufe des Clubs trotz seiner Abwesenheit vom Erfolg gekrönt war, lag an der Idee des Hamburger Bankiers Warburg. Der Übersee-Club sollte eine Begegnungsstätte von Politik und hanseatischer Wirtschaft werden, um der zusammengebrochenen Wirtschaft und vor allem dem eingestellten Überseehandel wieder auf die Beine zu helfen. Und welcher Ort wäre besser geeignet als ein gediegener Club, um hochkarätige Kontakte zu knüpfen und mit vertraulichen Informationen zu handeln?

Exklusiv das Motto – exklusiv der erste Präsident: Gewählt wurde Geheimrat Dr. Wilhelm Cuno, Generaldirektor der Hamburg-Amerikanischen Packetfahrt-Actien-Gesellschaft (Hapag), die auch unter der Bezeichnung Hamburg-Amerika-Linie bekannt ist. Die Symbiose zwischen Politik und Wirtschaft wurde perfekt, als der parteilose Cuno wenige Monate nach seiner Wahl zum Clubpräsidenten zum Reichskanzler ernannt wurde (Motto: »Regierung der Wirtschaft«).

Zur ersten Übersee-Woche knapp zwei Monate nach der Clubgründung fanden sich neben Gästen aus aller Welt auch Reichspräsident Friedrich Ebert nebst zwei Ministern ein, und man lauschte unter anderem dem streitbaren englischen Volkswirtschaftler und Cambridge-Professor: Seine Forderungen nach Vollbeschäftigung und einem neuen Reparationsmodus waren Balsam für die anwesenden Vertreter der inflationsgebeutelten und durch den Versailler Vertrag geknebelten Weimarer Republik. Daß die im

Übersee-Club ausgeheckten gemeinsamen Pläne vom Staatsmann, Freimaurer und Friedensnobelpreis-Träger Gustav Stresemann sowie vom Kulturphilosophen Oswald Spengler (»Der Untergang des Abendlandes«) über große neue Formen der Weltpolitik schließlich in falsche Hände gelangten, lag an der aussichtslosen wirtschaftlichen Situation, an der auch der Hanseaten-Club zerbrach. Reparationszahlungen, Besetzung des Ruhrgebiets durch französische Truppen, Inflation, Verlust der wirtschaftlichen Position im Welthandel, Arbeitslosigkeit und Polarisierung der gesellschaftlichen Gruppen waren die übermächtigen Faktoren, die den Nährboden für extremistische Bewegungen sowohl von rechts als auch von links bildeten. Mit der Weltwirtschaftskrise von 1929 rissen die Faschisten das Ruder an sich und leiteten unter tätiger Mithilfe der deutschen Schwerindustrie und Finanzwelt die Machtergreifung 1933 ein – der Übersee-Club schloß seine Pforten im Jahre 1934.

Am Tag der Währungsreform, dem 18. Juni 1948, trafen sich im Hamburger Rathaus 24 Herren zu einer 40minütigen Versammlung: Der Übersee-Club wurde angesichts der Tagesereignisse in einer Blitzaktion wieder zum Leben erweckt, einstimmig wählte man den Ex-Bürgermeister Rudolf Petersen zum neuen Präsidenten. Zum ersten Übersee-Tag am 6. Mai 1950 wurden 600 Herren ins Hotel Atlantic geladen, unter anderem der Vizekanzler, Bundesminister und Mitgründer der FDP, Franz Blücher. Doch nicht über dessen Anwesenheit soll sich Kanzler Adenauer entrüstet haben – Stein des Anstoßes war die Anzahl von 600 Menüs, die bei den Besatzern ein Bild praller Völlerei provozieren könnte. Daß dieser Einwand jedoch von den Siegern nicht übernommen wurde, zeigt, daß alle drei Hohen Kommissare noch im selben Jahr als Redner im Übersee-Club gastierten.

Das Ansehen des Hanseaten-Clubs, der als Motor für Wiederaufbau und Welthandel Kaiser Barbarossa benennt (er stand im Jahre

1189 Pate für die Zollfreiheit des Hafens), stieg schnell und steil: Bis auf Lions-Club-Mitglied Theodor Heuss waren alle bundesdeutschen Staatsoberhäupter Gast im Übersee-Club, aber auch Strauß, Brandt und Schmidt verschmähten die britisch angehauchte Exklusivität am Neuen Jungfernstieg nicht – Helmut Schmidt nutzte den Club sogar recht intensiv: Der Hamburger Ex-Kanzler ist seit 1964 Mitglied des Club-Kuratoriums und holte unter anderem Edward Heath, James Callaghan, Lord Peter Carrington, Alexander Haig, François Mitterand und Bruno Kreisky in das Amsinck-Haus, um seinen politischen Freunden Hamburgs beste Seite zu zeigen.

Zweck

»Ich will nicht die Asche aufheben, sondern die Flamme neu entfachen«, so der derzeitige Clubpräsident Carl-Heinz Illies, »nebenbei« Vorsitzender der Hamburger Handelskammer. Also stehen nicht nur geselliges Clubleben und glänzende Bankette auf dem Programm, sondern es steht nach wie vor die Gründungsidee ganz oben: Begegnungsort von Wirtschaft und Politik, verdeutlicht durch acht große Vorträge pro Jahr – exklusiv für die Mitglieder. Berühmte Reden berühmter Redner waren so zum Beispiel:

- *»Wirtschaft und Weltpolitik«, Charles de Gaulle, 1962*
- *»Parteien im politischen Umbruch«, Richard von Weizsäcker, 1973*
- *»Jerusalem – eine Hoffnung für den Frieden«, Teddy Kollek, 1976*
- *»The way forward for Europe«, Edward Heath, 1977*
- *»Zur Lage der Weltwirtschaft in den achtziger Jahren«, Helmut Schmidt, 1982*

Mitgliederstruktur

Einmal abgesehen davon, daß bisher weniger Reden als vielmehr Taten die Welt verändert haben, bietet sich den knapp 1900 Mitgliedern für einige hundert Mark Jahresbeitrag eine internationale Showbühne – nicht hinzugerechnet die circa 20000 persönlichen Gäste, die pro Jahr von den zahlenden Mitgliedern bewirtet werden. Jackett, Binder oder Nationaltracht unterstreichen den hanseatisch-konservativen Tenor, der durch nur rund hundert weibliche Mitglieder untermalt wird: Die »Zeit«-Herausgeberin Marion Gräfin Dönhoff setzte hier bereits im Jahre 1951 ein Zeichen, indem sie als erste Frau die Herrenrunde zu sprengen versuchte.

Ob es der Welt hilft, daß den lauschenden Kaufleuten, Politikern, hohen Beamten, Ärzten, Journalisten und drei Künstlern laut Illies »die Probleme und Denkweisen der ganzen Welt nähergebracht werden sollen«, wäre ein mehr als abendfüllender, ernsthafter Diskussionspunkt – unbestritten mag es jedoch ausgesprochen bequem sein, behäbig in luxuriöses Ambiente gehüllt, darüber zu staunen, was es Neues in der Welt gibt. Wohl bekomm's, und wer zwei Mitglieder als Bürgen zu gewinnen vermag, darf sich – durch angeblich wirklich dicke Teppiche – ebenfalls den Schritt dämpfen lassen ...

Zonta International

Zonta heißt in der Sprache der Sioux-Indianer soviel wie ehrenhaft und vertrauenswürdig, das Abzeichen besteht aus einer Kombination der indianischen Symbole:

- *für Licht oder Sonnenstrahlen oder für ein plötzliches Aufleuchten*
- *für den Begriff Zusammenhalt oder sich zu einem bestimmten Zweck verbinden*
- *für den Begriff gemeinsam tragen*
- *für Obdach*
- *für die Eigenschaften Redlichkeit und Vertrauenswürdigkeit*

Zwar erschufen die Sioux keine Hochkultur wie beispielsweise einige lateinamerikanische Stämme, doch die Prärieindianer vom Mississippi waren mächtig – viel mächtiger als die weißen Squaws im Amerika Anfang des 20. Jahrhunderts, die sich allerhöchstens als »gutes Stück« eines Rotary-, Kiwanis- oder Lions-Mitglieds präsentieren durften. Grund genug, einen eigenen Service-Club zu gründen, der ganz und gar nichts mit Kaffeekränzchen und Modenschau zu tun hat.

Entstehung

In Buffalo/USA, einer bedeutenden Industriestadt am Eriesee, traf im November 1919 eine Gruppe amerikanischer Managerinnen um die *Herald*-Verlegerin Mary E. Jenkins zusammen, um den ersten Zonta-Club zu gründen. Die Hochkonjunktur der »Golden Twenties«, der Börsenkrach von 1929 und die darauf folgende Weltwirtschaftskrise mit gewerkschaftsfeindlicher Politik, Massenarbeitslosigkeit und Wiederaufleben des Ku-Klux-Klan waren das Umfeld der Zontians, die sich in den Vereinigten Staaten rasch ausbreiteten. Als die Organisation dann ab 1927 in Ländern außerhalb der USA und schließlich in anderen Erdteilen Fuß faßte, entstand Zonta International – ein heute globusumspannender Clubverband, in dem sich Frauen aus aller Welt zusammengeschlossen haben: Frauen, die in leitenden und verantwortlichen Positionen tätig sind, Frauen, die etwas zu sagen haben. Der erste europäische Club wurde 1930 in Wien gegründet, und ein Jahr später folgte der erste deutsche Club in Hamburg – der 1000. Club wurde im Frühjahr 1989 in Togo gegründet, das Zonta-Imperium mit rund 35 000 Mitgliedern umfaßt heute über 50 Länder. Daß die Organisation im Dritten Reich offiziell aufgelöst und privat weitergeführt wurde, dürfte den Club nicht sonderlich aus dem Lot gebracht haben, denn auch heute noch verzichten die Zontians auf Clubhäuser oder Büros: »Wir erfahren, wo Hilfe dringend nötig ist. Wir kommen von uns aus.« So die einstimmige und durchaus bemerkenswerte Aussage von über 1400 deutschen Zonta-Squaws, organisiert in rund 50 Clubs.

Organisation

Hauptverwaltung und Geschäftsleitung von Zonta International haben ihren Sitz in Chicago. An der Spitze stehen als elf oberste Führungskräfte Präsidentin, zukünftige Präsidentin, Vizepräsidentin, Schatzmeisterin sowie der siebenköpfige Direktorinnenvorstand.

Straff organisiert ist nicht nur das Hauptquartier, sondern auch die in Distrikte eingeteilte Zonta-Welt: So bestehen beispielsweise in Europa die jeweils von einer Governor geführten Distrikte XII, XIV, XX und XXI, wobei der Distrikt XIV von den Ländern Belgien, Deutschland, Frankreich, Griechenland, Großbritannien, Holland, Italien, Irland, Österreich, Schweiz und Liechtenstein gebildet wird.

Die Distrikte wiederum sind in sogenannte Areas unterteilt, die jeweils den Ländern entsprechen und einer Area-Director unterstehen.

Die in den betreffenden Areas bestehenden Clubs haben einen von der Mitgliederversammlung gewählten Vorstand, der sich in der Regel aus vier bis fünf Mitgliedern zusammensetzt.

Neugründungen werden generalstabsmäßig vorbereitet – Voraussetzungen für die sogenannte »Charterung« sind ein Patenclub und mindestens 20 willige Damen. Damit sich jedoch keine Eintönigkeit hinsichtlich der Interessen einschleicht, hat man sich ähnlich wie bei den Service-Clubs der Männer darauf geeinigt, daß jeder Beruf, soweit er im internationalen Berufsregister erfaßt ist, nur zweimal in jedem Club vertreten sein darf – eine Ausnahme bildet hierbei die Berufsgruppe der Hausfrauen: Eine einzige Hausfrau pro Club soll verhindern, daß sich auch nur ansatzweise küchenorientierte Plauscherei entwickelt. So bekennen sich die Zontians auch zu einem gewissen Elitedenken, denn »eine Verkäuferin oder Friseuse werden Sie nicht bei uns finden«, so die Past-Area-Direktorin Luise Sachse, »nebenbei« Personalfachreferentin bei Osram. Nur die besten aus jedem Beruf wollen sie bei sich haben, und entsprechend liest sich ein kleiner Auszug aus der Zonta-Kartei:

- Königin Silvia
- Margaret Thatcher
- Indira Ghandi
- Dschihan Sadat
- Mathilde Berghofer-Weichner
- Hilde Hawliczek
- Marion Gräfin Dönhoff
- Julia Dingwort-Nusseck
- Amelia Earhart
- Hanna Reitsch
- Luise Ullrich

Starbesetzung für einen ganz normalen Service-Club? Nun, so normal ist Zonta sicherlich nicht, denn nicht nur die Ziele, sondern auch die durch diskrete Umsetzung brillierende Arbeitsweise macht die Organisation zu einem ausgesprochen bemerkenswerten Club. Weshalb jedoch beispielsweise eine Verkäuferin oder Friseuse weniger ehrenhaft und vertrauenswürdig sein soll als die rekrutierten Fliegerinnen oder Schauspielerinnen, mag stutzig machen. Vom plötzlichen Licht getroffen scheint aus diesem Blickwinkel der akademische und publicity-wirksame Wasserkopf, den es gemeinsam zu tragen gilt – bleibt zu hoffen, daß wenigstens indirekt auch ganz »normale« Geschlechtsgenossinnen von der Elitetruppe profitieren.

Ziele

- *Die rechtliche, politische und berufliche Stellung der Frau fördern*
- *Im Berufsleben ein hohes ethisches Niveau anstreben*
- *Durch weltumspannende Zusammenarbeit und Freundschaft das gegenseitige Verständnis und den Frieden fördern*

- *Persönliche und finanzielle Hilfe im Rahmen nationaler und internationaler Projekte leisten*
- *Durch Gründung neuer Zonta-Clubs diese Ideale und Ziele verbreiten*

Dieses hehre Programm verlangt konsequenterweise nach Frauen mit Erfahrung und persönlichem Können, damit zur nicht ganz unproblematischen Umsetzung ausschließlich nicht doch noch auf die dominierende Männerwelt zurückgegriffen werden muß. »Frauen helfen Frauen« – unter diesem übergeordneten Motto profitieren denn auch schwächere Nicht-Schwestern vom Engagement der Zontians, die beispielsweise im Jahre 1975 das Internationale Jahr der Frau organisierten: Treibende Kraft war die finnische Zonianerin Helvi Linnea Sipilä, elf Jahre lang stellvertretende UNO-Generalsekretärin.

Umsetzung

Die Mitglieder eines Clubs treffen sich mindestens einmal im Monat zu unterschiedlich gestalteten Versammlungen: Sowohl Vorträge als auch kulturelle Veranstaltungen können auf dem Programm stehen, im Vordergrund jedoch steht das Aufspüren von Bedürftigen sowie die Diskussion praktischer Hilfeleistungen und Betreuung. In diesem Sinne arbeitet Zonta – wenn es um finanzielle Unterstützung geht – erfolgreich auf drei Ebenen: Ein Großteil des Spendenbeitrags der Mitglieder wird für Service-Projekte innerhalb der eigenen Clubstadt für individuelle Notfälle verwendet, ein bestimmter Prozentsatz der Mittel wird für nationale Projekte abgeführt, und schließlich fließen von jedem Club größere Zuwendungen direkt nach Chicago. Doch nicht nur in Zusammenarbeit mit den Vereinten Nationen ausgewählte, internationale

Hilfsprojekte werden mit den Chicago-Millionen aus der Taufe gehoben: In Erinnerung an die prominente Fliegerin Amelia Earhart, die mit ihrer Atlantiküberquerung zur Leitfigur für weibliche Selbständigkeit wurde, werden seit 1938 Stipendien an Studentinnen der Luft- und Raumfahrttechnik, Biophysik, Astronomie und Meteorologie vergeben – über zwei Millionen Dollar bisher, die vielleicht besser in die Bäuche hungernder Kinder investiert worden wären.

Nichtsdestotrotz hat Zonta einen Beobachterstatus bei den Vereinten Nationen und hier insbesondere:

- *beratenden Status Kategorie I bei der ECOSOC (Wirtschafts- und Sozialrat)*
- *beratenden Status Kategorie B bei der UNESCO (Organisation der Vereinten Nationen für Erziehung, Wissenschaft und Kultur)*
- *beratenden Status bei der UNICEF (Kinderhilfswerk der Vereinten Nationen).*

Nicht alltägliche Vereinigungen

»Ohne Fehl und Tadel« – nicht alle Clubs, Logen, Orden und Zirkel sollten sich zu diesem Motto bekennen. Zwar steht auch bei den nachfolgend aufgeführten Zusammenschlüssen mindestens ein gemeinsames Interesse im Vordergrund, doch der Tenor ist ein ganz besonderer: Schrulliges, Zwielichtiges, Mächtiges oder Unerhörtes stehen auf dem Programmzettel, der von den Gründern mancher Clubs oft ganz anders geschrieben wurde. Doch nicht nur der einzelne Mensch, sondern auch Vereinigungen von Menschen sind vor Entgleisung nicht sicher, und ein schnell strömendes Fahrwasser wieder zu verlassen ist nicht jedermanns Sache – insbesondere, wenn sich auf diesem Kurs eine Menge Geld in den Netzen verfängt.

Vier interessante Clubs aus dem Ausland sollen diese Richtung vorstellen, wobei für die Behandlung der gesamten Thematik ein Menschenleben sicherlich zu kurz wäre – die Kurzportraits dieser Exoten können daher lediglich einen Hauch von Information vermitteln.

Afrikaaner Broederbond

Um die Entgleisung dieses politischen Kampfbundes zu verstehen, ist es notwendig, sich ein wenig mit der Geschichte Südafrikas und vor allem mit der Geschichte der Apartheid zu beschäftigen:

1652 Gründung Kapstadts als Versorgungsstation der Holländisch-Ostindischen Kompanie

1806 Kap-Gebiet wird britische Kronkolonie, die Buren wandern ins Hinterland aus (grausamer Vernichtungskrieg gegen die Eingeborenen)

1869 Entdeckung von Diamanten bei Kimberley

1899 Letzter Burenkrieg zwischen Buren und Engländern bis 1902

1910 Gründung der Südafrikanischen Union unter Premier Botha, Ausschluß der Schwarzen vom Wahlrecht

1912 Gründung des African Native Council durch Schwarze, ab 1923 African National Congress (ANC)

1936 Landrechte der Schwarzen werden auf 7,3 Prozent Südafrikas begrenzt

1936 Erweiterung der Landrechte auf 13,7 Prozent

1948 Wahlsieg der National Party; Buren bilden die Regierung

1950 Verbot der Kommunistischen Partei

1953 Schwarze werden von Gewerkschaften ausgeschlossen; Streikverbot; Einführung des getrennten Erziehungssystems

1959 Festlegung von acht Homelands für Schwarze

1960 Erschießung von 69 schwarzen Demonstranten in Sharpeville, 22 000 Festnahmen, Verbot des ANC

1961 Ausruf der Südafrikanischen Republik, Verlassen des britischen Commonwealth

1964 Verurteilung von Mandela und sieben Mitgliedern des ANC zu lebenslanger Haft

1967 Rückwirkend ab 1962 Erlaubnis unbefristeter Einzelhaft ohne richterliche Anordnung

1975 Beginn offener und verdeckter kriegerischer Aktionen gegen Angola, Mosambik, Botswana, Lesotho, Sambia, Simbabwe und die Seychellen

1976 Blutige Niederschlagung von 20000 protestierenden Jugendlichen in Soweto (über 1000 Tote)

1978 Südafrikanische Fallschirmjäger töten 800 namibische Flüchtlinge in Angola

1982 Militär tötet ANC-Flüchtlinge in Lesotho

1985 Schließung der Börse und Erklärung der Zahlungsunfähigkeit (50 Milliarden DM Auslandsschulden)

1986 Regierungssturz nach Wirtschaftsblockade

1987 Zweites Umschuldungsabkommen günstig abgeschlossen

1989 Zögernde Pseudoauflockerung der Apartheid

1990 Freilassung Mandelas

1991 Mit der Abschaffung von rassendiskriminierenden Gesetzen werden die Grundlagen der Apartheidspolitik abgeschafft

1994 Bei den ersten freien Wahlen in der Geschichte Südafrikas wird Nelson Mandela der erste schwarze Präsident

1997 Die neue Verfassung tritt in Kraft

1999 Nelson Mandela übergibt das Präsidentenamt an Thabo Mbeki

Daß Deutschland lange zu den Hauptunterstützern des Apartheidregimes gehörte, hat Tradition: Der burische Zweig der Ethnologie (Völkerkunde) orientiert sich an den bekannten Vorbildern, indem er die »gottergebene Einzigartigkeit« eines jeden Volkes weit über die sogenannte »kleine Apartheid« hinaus entwickelt hat.

Rassistische Statistik: Südafrikaner sind zu 75 Prozent Schwarze, 14 Prozent Weiße, 8 Prozent Farbige und 3 Prozent Asiaten unterteilt – wobei die $^3/_4$-Bevölkerungsmehrheit auf 13 Prozent der Staatsfläche zusammengetrieben wurde.

Geschichte

Der Afrikaaner Broederbond wurde im Jahre 1918 von Burenfarmern mit dem Ziel gegründet, der britischen Dominanz in Südafrika zu Leibe zu rücken. Engländer und Buren stellen so wie noch heute jeweils die Hälfte der weißen Bevölkerung Südafrikas, so daß eine angestrebte Gleichberechtigung in Wirtschaft, Verwaltung und Politik durchaus verständlich war. Bereits 30 Jahre später waren die burischen Nationalisten am Ziel und gewannen die Parlamentsmehrheit. Da das Hauptanliegen der durch und durch vom Broederbond durchsetzten Buren jetzt erreicht war, widmete man sich ausschließlich der Entwicklung des afrikaansen Volksbewußtseins, das durch eine zunehmende Verschärfung der Rassentrennungspolitik gekennzeichnet war. Geschickt tarnte sich der Geheimbund durch Gründung öffentlicher Institutionen, deren ausschließlicher Zweck das Betreiben des Apartheidgedankens war:

- *Föderation der afrikaansen Kulturvereinigungen (FAK) mit über dreitausend Vereinen in den Bereichen Bildung, Kultur und Kirche*
- *Büro für Rassenbeziehungen (SABRA), befaßt mit »ethnologischen Studien«*
- *Reiterwache (Jugendorganisation)*
- *Ochsenwagenbrandwache (nationalsozialistische Bewegung)*
- *Wirtschaftsvereine, Gewerkschaftsverbände und Wissenschaftsvereinigungen*
- *Volkskasse zur Aufstockung burischen Kapitals*

- *South African National Life Assurance Company (erste Versicherungs- und Investmentgesellschaft unter burischer Kontrolle)*

Hinsichtlich der seit 1948 regierenden National Party ist zu sagen, daß bis zum Wahlsieg Nelson Mandelas 1994 ausnahmslos alle südafrikanischen Staatschefs Mitglieder des Afrikaaner Broederbond waren, ebenso sitzt die Eliteorganisation an allen Schaltstellen des öffentlichen Lebens. Daß der Bund mit seinen geheimen Ritualen in Europa völlig unbekannt ist, liegt natürlich daran, daß die gesamten südafrikanischen Medien von den sogenannten Broers kontrolliert werden – ein echter Geheimbund also, der wohl als einer der mächtigsten der Welt bezeichnet werden darf.

Afrikaaner Broederbond intern

Rund 12 000 »Superafrikaner«, wie die Broers von Nichtmitgliedern bezeichnet werden, regieren das 30-Millionen-Land, organisiert in rund 800 Zellen mit maximal 20 Mitgliedern. Beschlußfassendes Gremium ist die Generalversammlung (Bondsraad), der jeweils einen Zellenvertreter zu einer streng geheimen Jahrestagung ruft. An der Spitze des Bundes steht der zwölfköpfige Uitvoerende Raad (Apostel), allesamt prominente Persönlichkeiten des öffentlichen Lebens und Politiker.

Wie es zu dieser Machtposition kommen konnte, zeigt das komplizierte Rekrutierungssystem des Bunds. Mindestens zwei Broers schlagen einen neuen Kandidaten vor – natürlich werden nur Mitglieder rekrutiert, die dieses Angebot nicht abschlagen würden. »Weißer Südafrikaner, Afrikaans sprechend, protestantisch, männlich und finanziell abgesichert« – so der Steckbrief für neue Mitglieder: Ausgenommen sind Katholiken, Juden, britischstämmige

Südafrikaner, Frauen, Freimaurer, Lions, Rotarier und natürlich Schwarze bzw. Farbige. Der Name des Kandidaten wird an alle 800 Zellen weitergereicht, und die Aufnahme scheitert am Widerspruch von nur zwei Broers. Daraufhin folgt eine einjährige geheime Recherche und Beobachtung, und erst wenn diese Hürde genommen ist, erfährt der Glückliche erstmals von seiner Kandidatur. Nach einem Einladungsgespräch muß sich der Neue blind für den Eintritt entscheiden, da auch jetzt noch keinerlei Interna über den Bund verraten werden. Jetzt erst beginnt die eigentliche Initiation mit Gebet, Gesang, Bibellesen und Verhör. Ist positive burisch-nationalistische Gesinnung ausreichend vorhanden, wird Geheimhaltung geschworen – vor der südafrikanischen Flagge, bei der der britische Union Jack abgedeckt ist. Wer jetzt mit dabei ist, hat gewonnen: »Helft einander« lautet die Devise, nach der landesweite interne Stellenausschreibungen gehandelt werden. Darüber hinaus sind »Wahlen« in öffentlichen Institutionen vorher sorgfältig abgestimmte Einigungen – der mächtige politische Kampfbund will schließlich dem Zufall keine Chance geben.

In jüngster Zeit allerdings haben sich in dem Bund zwei Richtungen gebildet: Die »Aufgeklärten«, vertreten durch Wirtschaft und Intelligenz, gewinnen immer mehr Boden gegenüber den »Verbohrten«, die von Farmern und Staatsdienern favorisiert werden. Kein Wunder angesichts der weltweiten Boykotts, die der südafrikanischen Wirtschaft nur wenig Freude bereiten. Inwieweit sich jedoch die internationalen Handelspartner von den erzwungenen Reformbestrebungen Südafrikas täuschen lassen, wird sich weisen. Fest steht bereits jetzt schon, daß ein in Aussicht gestellter schwarzer Regierungschef nur dann ans Ruder darf, wenn der weißen Minderheit eine Reihe von Sonderrechten zugesichert wird – Apartheid verkehrt, neues Ziel der Superafrikaner.

Kleines Apartheidlexikon

African National Congress (ANC): Älteste Befreiungsbewegung des afrikanischen Kontinents seit 1912. Präsident Oliver R. Tambo, Vizepräsident Nelson Mandela.

Afrikaaner: Auch als Buren bezeichnete weiße Nachfahren der holländischen Siedler.

Afrikaner: Bezeichnung für Schwarze in Südafrika.

Asiaten: Gesetzlicher Klassifizierungsbegriff für die aus Asien eingeschleppte Bevölkerungsgruppe (Japaner gelten als »Ehrenweiße«).

Bann: Vom Justizminister zu verhängende Verbote hinsichtlich der Lebens- bzw. Arbeitsweise der Betroffenen (z. B. Ausgehverbot, Publizierungsverbot usw.).

Bantu: Offizieller, jedoch von den betroffenen Schwarzen als diskriminierend empfundener Begriff.

Coloureds: Gesetzlicher Klassifizierungsbegriff für die farbige Bevölkerungsgruppe gemischter Herkunft.

Deutsch-Südafrikanische Gesellschaft (DSAG): Pro-Apartheid-Organisation.

EG-Kodex: 1977 eingeführte freiwillige Lohnanhebung von in Südafrika tätigen europäischen Unternehmen zur Vermeidung eines Wirtschaftsboykotts.

Frontstaaten: Zusammenschluß der Staaten Angola, Botswana, Lesotho, Mosambik, Sambia, Simbabwe und Tansania zur Unterstützung der südafrikanischen Befreiungsbewegungen.

Homelands: Von Weißen zugewiesene Landflecken, in denen die Schwarzen nach Rassenkriterien getrennt leben müssen.

Hostels: Gefängnisartige Wohnheime für schwarze Wanderarbeiter.

Hottentotten: Verächtliche Bezeichnung für die früher in der Kap-Region lebenden Khoi-Khoi.

Nichtweiße: Verächtlicher Begriff für Schwarze in Südafrika und Namibia.

Squatters: »Illegale« schwarze Bewohner von »weißen« Gebieten, Squatter-Siedlungen wurden wiederholt zwangsgeräumt und zerstört.

Townships: Nach rassistischen Kriterien getrennte Vorstädte für Schwarze.

Bilderberger und Trilaterale Kommission

»Bei den Bilderberg-Konferenzen handelt es sich um inoffizielle und informelle private Gesprächskreise hochrangiger Persönlichkeiten aus aller Welt, die ad personam eingeladen werden.

Bilderberg-Konferenzen sind ohne feste Organisationsstruktur oder Statut und dementsprechend ohne Mitgliedschaft. Sie dienen dem Meinungsaustausch der Teilnehmer. Da es sich um keine offiziellen Veranstaltungen handelt, verfügt die Bundesregierung über die einschlägige Medienberichterstattung hinaus über keine zusätzlichen Informationen.«

Diese platte Antwort der Bundesregierung auf eine kleine Anfrage des Abgeordneten Kleinert und der Fraktion Die Grünen nach Zweck und Themen der 36. Bilderberg-Konferenz ist geradezu grotesk, denn immerhin nahm Bundeskanzler Helmut Kohl Anfang Juni 1988 nicht an einem privaten Golfturnier teil, sondern an einer Geheimkonferenz, die auch mit David Rockefeller, Henry Kissinger, Königin Beatrix sowie anderen hochkarätigen Politikern, Diplomaten, internationalen Bankiers und Industriellen bestückt war.

Gegründet wurde der Superclub im Jahre 1954, als sich eine Handvoll einflußreicher Amerikaner dringend wünschte, die internationalen Beziehungen innerhalb des westlichen Bündnisses zu korrigieren. Als diskreten Ort für die geplanten Treffen fand der niederländische Prinzgemahl Bernhard das abgelegene Hotel de

Bilderberg in der Nähe des holländischen Örtchens Oosterbeek – daher der Name für den reichsten und somit mächtigsten Club unserer Tage. Kaum jemand kennt die Vereinigung, deren Sekretariat von Amsterdam aus die mindestens einmal jährlich stattfindenden Treffen organisiert.

Dieses Machtzentrum, mächtiger als Washington, Moskau, Paris oder Bonn, tagt hinter hermetisch verriegelten Türen – kein Journalist hat Zutritt zu diesem Geheimtreff der rund einhundert Bilderberger, zu deren illustrem Kreis unter anderem gehörten und gehören: Helmut Schmidt, Walter Scheel, Henry Ford II., Giovanni Agnelli, Stavros Niarchos, Franz Josef Strauß, Prinz Philip, Edmond de Rothschild und Marcus Wallenberg.

Man kennt sich, man plaudert völlig entspannt unter Ausschluß der Öffentlichkeit über öffentliche Belange und – man nimmt Direktiven mit nach Hause: direkte Anweisungen aus dem Hause Rockefeller, die sich in der Innenpolitik der NATO-Länder niederschlagen.

Doch damit nicht genug, denn David Rockefeller ist auch in einer anderen Gruppe aktiv: der Trilateralen Kommission, deren Mitglieder fast ausnahmslos Bilderberger sind. Schon 1973 versammelte sich diese elitäre Vereinigung von Finanziers und politischen Führungskräften hinter verschlossenen Türen, um in den drei Machtbereichen Nordamerika, Westeuropa und Japan eine Weltpolitik abzustimmen, die Nationen unter Druck zu setzen vermag. Aber nicht nur dies – auch Präsidenten werden in diesem Rahmen geschmiedet: So lernte zum Beispiel im Jahre 1972 der CIA-Manager Milton Katz und der oberste ESSO-Chef David Rockefeller den damaligen Provinzgouverneur James Earl Carter aus Georgia kennen und hievten ihn nach einem anscheinend erfolgreich verlaufenen Abendessen in die Trilaterale Kommission. Daß der von Rockefeller favorisierte Jimmy Carter dann auch tatsächlich ins Weiße Haus einzog, dafür sorgten zwei weitere

Trilaterale: Cyrus Vance und Zbigniew Brzezinski ebneten den vorgezeichneten Weg nicht nur für Carter, sondern auch gleich für sich selbst.

»Über gegenseitige Abhängigkeit hinaus: die Verflechtung der Weltwirtschaft mit der Ökologie der Erde« nannte sich der Hauptbericht auf der letzten Versammlung der Trilateralen. Doch wer jetzt denkt, daß edle Motive zur Behandlung dieses Themas führten, befindet sich auf dem Holzweg – es geht natürlich um Profit, um die Säuberung der Umwelt als Neuland zur Finanzmanipulation, da die Rüstungsgewinne angesichts der Ost-West-Entspannung empfindlich am Schrumpfen sind. Angeblich um einer drohenden ökologischen Erpressung *»armer Länder«* gegen *»reiche Länder«* vorzubeugen, hauptsächlich aber um den Zinsfluß der Schulden in Gang zu halten, soll die Dritte Welt mehr Geld bekommen, Steuergelder aus Europa und den USA, versteht sich. Internationale Banker, Finanziers und Industrielle werden sich mit diesem neuen Milliardenmarkt wieder einmal mehr eine goldene Nase verdienen, während der Öffentlichkeit Erste Hilfe in Sachen Umweltschutz vorgegaukelt wird: Schuldenbaron Mexiko soll demnach auch den Löwenanteil der Zuwendungen erhalten, und erst danach typische *»Regenwald-Länder«*.

Zwei merkwürdige Clubs, die pseudoselbständige Gremien, Kommissionen, ganze Staaten und natürlich auch die Europäischen Gemeinschaften dadurch auf einen gemeinsamen Nenner zu bringen vermögen, daß sie die führenden Leute einfach in ihre Reihen heben. Merkwürdig auch, daß sich in dieser Angelegenheit keine weltumspannende Aufsichtsbehörde zuständig fühlt, eventuell bestehende kartellrechtliche Aspekte zu prüfen ...

Londoner Clubs

»Ich lasse mir das Frühstück ans Bett bringen, dann lese ich die Todesanzeigen im ›Daily Telegraph‹. Und wenn ich nicht darunter bin, stehe ich auf und gehe in den Club.« Mit diesen Worten beschrieb einst ein greiser Commonwealth-General seinen Tagesablauf und fand damit zugleich eine Definition der traditionsbeladenen Britenclubs, wie sie treffender nicht abgegeben werden könnte. Etwas angestaubt sind sie, die altehrwürdigen Londoner Clubs, und auch wenn der britische Ex-Premierminister Edward Heath sie als »Rudimente einer vergangenen Zeit« bezeichnete, so meinte er dies gewiß nicht abfällig: Er selbst bevorzugt den Carlton – stark konservativ von Gesinnung.

Doch so unwichtig diese Etablissements für den Fortgang der Geschichte heute auch sein mögen: Für den traditionsbewußten Briten sind sie nach wie vor eine Institution, ein würdiger Platz, um den Tod zu empfangen.

Geschichte

Entwickelt wurde der Clubgedanke an den Tischen von Kaffeehäusern – Kaffeetrinken war im London des 17. Jahrhunderts ausgesprochen beliebt, so daß es zu Anfang des 18. Jahrhunderts rund

2000 Kaffeehäuser gegeben haben soll. Nachdem es zu dieser Zeit viele wichtige Männer gab, die wichtige Dinge ungestört besprechen wollten, war die Gründung von entsprechenden Refugien fast zwingend. Ein boshafter Satz von Sala, einem Autor des 19. Jahrhunderts, könnte auch noch auf eine andere Motivation schließen lassen, denn nach ihm ist der Club eine *»Waffe, die von Wilden benutzt wird, um weiße Frauen auf Distanz zu halten«* – das alte Lied von der Flucht vor Frauen, die etwas gegen heftiges Essen und Trinken haben. Aber nicht nach den preferierten Leibspeisen formierten sich die entstehenden Clubs, sondern tatsächlich nach den vorherrschenden beruflichen und politischen Neigungen ihrer Mitglieder, so daß für Rechtsanwälte, Spieler, Reisende, Theaterfreunde, Militärs, Liberale, Sportfans, Konservative, Banker, Geistliche, Diplomaten oder Manager jeweils eigene Clubs gegründet wurden. Natürlich schlossen sich bei Vorhandensein lukrativer Verknüpfungsmöglichkeiten von Interessen beispielsweise Politiker und Manager auch in einen einzigen Club ein, doch im Prinzip wollte man – zumindest schwerpunktmäßig – unter sich sein. Die Anforderungen an die neuen Mitglieder waren von Anfang an hoch, so daß zum Beispiel in den Traveller nur aufgenommen wurde, wer sich weiter als 500 Meilen von der Insel entfernt hatte – Luftlinie, versteht sich.

Ebenso wie in den französischen Salons der High-Society wurden natürlich auch in den von der Oberschicht frequentierten britischen Clubs bestimmte Vorlieben nichtberuflicher Art gepflegt: Der berühmte Snobismus entwickelte sich ebenso wie der eigene Inselhumor hinter Clubmauern: Schließlich war man ja unter sich. Zu welchen Spitzen sich britischer Charakter entwickeln durfte, zeigte die Reaktion des White's auf das Aufnahmegesuch von Paul Getty: Dem Ölmilliardär wurde selbst dann noch der Zutritt verwehrt, als er sich anbot, auf Lebenszeit für sämtliche geschäftlichen Verluste des Clubs geradezustehen.

Übersicht

Rund 120 klassische Clubs gibt es heute noch auf der Insel, wobei die interessantesten natürlich in London zu finden sind. Wer sich die Gebäude bei einem Londonbesuch betrachten will oder gar als Gast eines Mitglieds eintreten darf, muß das noble Viertel von St. James und Pall Mall aufsuchen, in dem die meisten Clubs im vorigen Jahrhundert große Grundstücke erworben haben. Einen kleinen Überblick über die wichtigsten Eliteclubs soll die folgende Aufstellung vermitteln, gesellschaftliche Orientierung und Mitgliederstruktur reichen sich dabei die Hände:

Army and Navy	Konservative Offiziere
Athenaeum	Konservative Wissenschaftler, Literaten und Künstler
Boodle's	Konservativer Adel
Brook's	Liberale (Whigs)
Carlton	Stark konservative Politiker und Manager
Garrick	Theaterschaffende
Reform	Liberale (nimmt auch Frauen auf)
Travellers	Mäßig konservative Diplomaten im auswärtigen Dienst
Turf	Konservativer Landadel
White's	Stark konservative Politiker und Manager (Tories)

Bis auf wenige Ausnahmen handelt es sich bei diesen Etablissements um reine Herrenclubs, Frauen dürfen also das Gebäude nicht betreten oder allenfalls in einem Anbau für Damen Kaffee trinken. Argumentiert wird auch heute noch, daß der Club eine private und nicht eine dieser öffentlichen Einrichtungen sei, wo man um Gleichberechtigung diskutieren kann. Der Charakter eines Clubs wäre ein anderer, man befürchtet durch entfesseltes Geplausche auch die Anhebung des Geräuschpegels in den öffentlichen Räumen. Und natürlich – das spezielle Clubbenehmen und der Konversationsstil könnten in Gegenwart von Damen nicht aufrechterhalten werden, also sollen sie sich in ihrer konventionellen Umgebung aufhalten und bitte nicht in einem Herrenclub. Nicht zu vergessen natürlich gefürchtete Veränderungen hinsichtlich der massig-männlichen Ausschmückungen: Marmor, Leder, Mahagoni und Messing könnte zugunsten von Fliesen, Tuch oder gar hellem Holz verdrängt werden.

Interessant dabei wäre natürlich zu wissen, welcher Prozentsatz der gutgekleideten, ebenso belesenen wie diskreten Gentlemen zu Hause im Unterhemd und schlecht frisiert ihre Frauen verprügeln – ein Gesprächsthema für einen Club wäre dies allerdings nicht.

Zum Beispiel Athenaeum

50 bezahlte Angestellte kümmern sich in diesem im Jahre 1824 gegründeten Club um die Mitglieder, und einige sind mit der Aufgabe betraut, sich mindestens einmal jede Stunde nach dem Wohlergehen zu erkundigen – unter Berücksichtigung des fortgeschrittenen Alters der Herren, die aus den Tiefen ihrer Sessel halbherzig Zigarrenqualm verströmen.

»Individuen, die sich durch ihre wissenschaftlichen und literarischen Fähigkeiten ausgezeichnet haben; für Künstler von Ansehen in einer der schönen Künste und für Adelige und Gentlemen, die sich als liberale Förderer von Wissenschaft, Literatur und Kunst hervorgetan haben.« So die mittlerweile etwas erweiterten Auswahlkriterien für künftige

Mitglieder, denen nicht nur Schnupftabak, sondern auch eine prächtige Bibliothek mit 75 000 Bänden zur Verfügung steht.

Die Exklusivität jedoch hat ihren Preis: Nicht nur daß kein Gast die Kosten für sein Essen selbst bestreiten darf und natürlich entsprechende Mitgliedsbeiträge entrichtet werden müssen, sondern auch bestimmte Clubregeln müssen eingehalten werden. So müssen beispielsweise die in der Eingangshalle ausgelegten Zeitungen stehend gelesen werden, korrekte Kleidung vorausgesetzt. Ebenso ist es untersagt, in den öffentlichen Räumen Akten zu konsultieren – zumindest auf die Art und Weise, die für andere Mitglieder aufdringlich sein könnte. Diskretion ist angesagt, natürlich auch was die Gespräche betrifft: Die Stimme sollte nicht erhoben werden, und die Konversation bitte nicht persönlich, sondern allgemein und sachlich gehalten werden. Mitglieder, die man nicht kennt, werden – außer an den Tischen im Café oder Imbißraum – prinzipiell nicht angesprochen, denn wer dafür bezahlt, seine Ruhe zu haben, soll sie auch haben. Darüber hinaus bezeichnen die umfangreichen Clubregeln neben den Öffnungszeiten noch das Mieten von Schlafzimmern und Besprechungszimmern, die Mahlzeiten, das Telefonieren, das Kartenspielen und anderes.

Kurzum, eine noble Angelegenheit für noble Briten, die für ihre besseren Hälften einen kleinen Anbau mit niedrigen Decken errichtet haben. Daß diese Gesellschaftsräume mit Eingang über die Hintertreppe unterhalb des Straßenniveaus liegen, mag kein Zufall sein – wenn diese Erniedrigung jedoch wirklich beabsichtigt sein sollte, spricht es nicht gerade für diejenigen Damen, die dort ein und aus gehen.

Skull and Bones

»Es gab Dutzende von Räumen, ganze Zimmerfluchten. Es gab ein paar Schlafzimmer und diesen monumentalen Speisesaal, von dessen Decke verschiedene Spruchbänder mit Liedern von Skull and Bones hingen. Und es gab einen Präsident-Taft-Gedächtnisraum mit Flaggen, Plakaten und Anstecknadeln. Die ganze Sache wirkte ziemlich mittelalterlich. Alles war heruntergekommen. Es sah aus wie ein Schlafsaal in einem Knabeninternat, so als ob seit einem halben Jahr niemand mehr geputzt hätte. Auch ein Haufen alter Knochen lag herum. Das Schockierendste war jedoch, daß es dort einen kleinen Nazischrein gibt. Ein Raum im ersten Stock ist mit Hakenkreuzen dekoriert, so eine SS-Macho-Ikonographie im Nazistil. Jemand sollte Präsident Bush mal nach diesen Hakenkreuzen da drinnen fragen. Ich glaube nicht, daß er behaupten würde, sie seien nicht da. Ich denke, er würde sagen: Oh, das ist nichts Besonderes, das sind einfach ein paar kleine Sachen in einem kleinen Raum. Ich meine, das Nazizeug ist nicht ernster zu nehmen als die ganzen Knochen, die dort rumliegen, aber ich finde es trotzdem ein bißchen beunruhigend.«

So das Gedächtnisprotokoll einer der weiblichen Invasoren, die im Jahre 1979 in das Allerheiligtum der traditionsbeladenen Yale-Universität in New Haven/Connecticut eindrangen. Nicht nur die Begleiterinnen der heutigen Rechtsanwältin, sondern auch eindrucksvolle Fotos untermauern diese Beschreibung einer bemerkenswerten Inneneinrichtung.

Der exklusive Herrenclub mit dem phantastischen Namen Skull and Bones (Schädel und Knochen) wurde im Jahre 1832, also 131 Jahre nach Gründung des Yale College, ins Leben gerufen und kann auf eine eindrucksvolle Mitgliederkartei zurückblicken: Politiker, Diplomaten, hohe Manager und angesehene Künstler gingen aus diesem Club hervor, der kein Hehl daraus macht, als Führerschmiede zu fungieren.

Das zur Zeit prominenteste Club-Mitglied heißt George Walker Bush, geboren 1946 in New Haven/Connecticut. Fast alle männlichen Verwandten des 43. Präsidenten der Vereinigten Staaten von Amerika sind bzw. waren ebenfalls Skull and Bones-Mitglieder und verdankten dem Eliteverband die Karriere – vom ersten Job bis hin zum Präsidentenamt (sein Vater George Herbert Walker Bush wurde 1988 41. Präsident der USA; George W. Bush selbst gewann die Wahl 2000 und begann im Januar 2005 seine zweite Amtsperiode; sein Bruder Jeb Bush ist Gouverneur von Florida).

Nach dem Abschluß in Yale als Bachelor in Geschichte verpflichtete sich Bush 1968 für sechs Jahre bei der vorwiegend im Inland eingesetzten Nationalgarde, wofür er später mit dem Vorwurf konfrontriert wurde, sich durch diesen Schritt seiner Einberufung in die Army und einem Einsatz in Vietnam entzogen zu haben. Ab 1972 besuchte er die Harvard Business School der Harvard-Universität, wo er den Titel eines Masters of Business Administration (MBA) erwarb. 1978 begann George W. Bush eine Unternehmertätigkeit in der Erdölindustrie: seine Firma hieß zunächst Arbusto Energy, dann Bush Explorations, musste 1984 mit Spectrum 7 Energy Corp. fusionieren und wurde schließlich 1986 von Harken Energy Corp. aufgekauft. Bush wurde dadurch zu einem der Direktoren bei Harken. Im selben Jahr konvertierte Bush von den Anglikanern zu den Methodisten, um fortan als wiedergeborener Christ völlig auf Alkohol zu verzichten.

1988 erwarb Bush einen 5 %-Anteil am Baseballteam Texas Rangers und verdiente zehn Jahre später mit dem Verkauf seines Anteils 15 Millionen Dollar. 1994 gewann Bush die Gouverneurswahl in Texas und wurde 1998 wieder gewählt – unter anderem bestätigte er während seiner Regierungszeit 152 Todesurteile. Und sollte Bush das Glück einmal verlassen, so werden seine Brüder für ihn sorgen: Die Verwalterin des ansehnlichen Clubvermögens, die Russell Trust Association, ist nicht nur für das Ferien-Center »The Ledges« auf einer Insel im Sankt-Lorenz-Strom gut, sondern auch in der Lage, gestrandete Skull-and-Bones-Mitglieder lebenslang zu unterstützen. Karrierehelfer und Lebensversicherung in einem also stellt diese ausgesprochen exklusive Bruderschaft dar – der Preis ist allerdings nicht jedermanns Sache: Nicht nur lebenslange Treue fordert der Club, sondern auch die Teilnahme an eigenartigen Zeremonien, die auf den griechischen Redner und Führer der athenischen Unabhängigkeitspartei, Demosthenes, zurückfallen sollen. So ist auch die magische Zahl des Clubs: die 322 (Demosthenes starb im Jahre 322 v. Chr.), von der behauptet wird, daß sie dem US-Politiker William A. Harriman als Kombination seines Zahlenschlosses diente, als er während des 2. Weltkriegs für Franklin D. Roosevelt in Moskau spionierte.

Jeden Donnerstag und Sonntag treffen sich zur Abendstunde exakt 15 Yale-Studenten, die am Ende ihres ersten College-Jahrs von 15 abgehenden Clubmitgliedern vorgeschlagen werden, in dem fensterlosen Skull-and-Bones-Hauptquartier an der High Street von New Haven, das wegen seines grabhügelähnlichen Aussehens den Spitznamen »Grab« trägt. »Connubial Bliss« heißt die Sonntagszeremonie der Novizen, während der jedes Mitglied angehalten wird, ausführlich über sein bisheriges Sexualleben zu plaudern – »Life History« steht ergänzend donnerstags auf dem Programmzettel, eine Sitzung, bei der es um den allgemeinen Lebenslauf geht. Schonungslos also die Öffnung, die natürlich zur

Folge hat, daß sich die Bones-Brüder durch ihre intimen Bekenntnisse nicht nur näherkommen, sondern untrennbar zusammenbleiben – eine Mischung zwischen Gruppentherapie und Kreuzverhör, die zum Ziel hat, eine eingeschworene Gesellschaft zu formen, in der Geheimnisse keinen Platz haben. Und obwohl Yale seit mehr als 30 Jahren auch Frauen zum Studium zuläßt, sind die Skull-and-Bones-Mitglieder einschließlich der Bediensteten männlichen Geschlechts – rührige Männer, die sich sogar vorgenommen haben, Frauen zu ersetzen:

»Sie brachten mich in einen Turm, von dem aus man den Innenhof überblicken kann. Fackeln brannten, und der Boden war mit Stroh bedeckt. Vorher hatten sie mir gesagt, ich solle mich schick anziehen, und so trug ich ein mit Straßsteinen besticktes Abendkleid. Meine Aufgabe war es, eine Rolle zu spielen, die normalerweise offenbar von einem Mann in Frauenkleidern übernommen wurde. Sie brachten die neuen Mitglieder, einen nach dem anderen, rauf in den Turm und sagten ihnen, sie sollten mir die Hand küssen. Es war ein ziemlich ausgefeiltes Ritual, und es war interessant zu beobachten, wie Amerikas zukünftige Elite auf so was reagierte. Einige von ihnen küßten meine Hand ganz vorsichtig, andere wieder fuhren richtig darauf ab. Viele aber weinten buchstäblich vor Angst, so verschreckt waren sie.«

Diesen Bericht gab eine Yale-Studentin, die vermutlich nicht nur zum Dank für ihre erfolgreichen Kandidatenvorschläge offiziell zu einer Initiationsfeier geladen wurde, sondern um der tapferen Fraueninvasion von 1979 die Würze zu nehmen.

Amerikas zukünftige Elite schmückt sich also mit einem Logo, das aus einem Totenkopf über zwei gekreuzten Knochen besteht – die zwischen den Knochen angebrachte Zahl 322 kann den Gesamteindruck des Emblems nur wenig entschärfen. Es gab einst auch eine deutsche Organisation, die einen silbernen Totenkopf an der schwarzen Uniformmütze trug, und auch sie übernahm dieses

Erkennungszeichen von einem traditionellen Handwerk – der Seeräuberei. Um 1400 v. Chr. soll die Totenkopfflagge zum ersten Mal geflattert und biedere Handelsschiffe dazu animiert haben, eiligst mit einer weißen Flagge die kampflose Übergabe zu signalisieren. Psychologische Kriegführung durch Einschüchterung symbolisierte dieses Zeichen seit seiner Einführung, und so soll es auch heute noch sein: Die Mächtigen hissen den Totenkopf und die gekreuzten Knochen, auf daß die Welt ihnen zu Füßen liege und ihre Anordnungen ohne Widerrede befolge. Ein schönes Spiel, auch beliebt bei kleinen Jungs, die ihren späteren Berufswunsch mit »Pirat« angeben. Ein selbst ausgestellter Kaperbrief bei großen Jungs, die noch immer von losdonnernden Breitseiten, schwarzen Pulverschwaden, splitternd berstenden Masten und einer sagenhaften Beute träumen.

Anhang

Adressen

Ambassador Club Deutschland
Heidelberger Landstraße 130
64297 Darmstadt

Deutscher Druiden Orden
Berliner Str. 51
38723 Seesen

Große Landesloge der Freimaurer
von Deutschland
Peter Lenné Str. 1–3
14195 Berlin

Deutsches Freimaurer-Museum
Hofgarten 1
95444 Bayreuth

Freimaurermuseum Berlin
Emser Str. 12–13
10719 Berlin

Library and Museum of the
United Grand Lodge of England
Freemason's Hall
60 Great Queen Street
London
WC 2 B 5 AZ

Orden vom Goldenen Gral
IFK Sekretariat
Postfach 7314
CH-3001 Bern

Internationaler Club La Redoute
Kurfürstenallee 1
53177 Bonn

Internationaler Club von Hannover
Freundeskreis Internationaler
Begegnungen
Am Südbahnhof 2
30171 Hannover

Der Johanniterorden
Finckensteinallee 111
12205 Berlin

Verein Schlesischer Malteser Ritter
Burgstr. 10
53505 Kreuzberg

Genossenschaft der Rheinisch-Westfälischen Malteser Devotions-Ritter
Burgstr. 10
53505 Kreuzberg

Kiwanis – Deutschland
Marienfelder Str. 52
56070 Koblenz

Lions Clubs International – GD 111
Bleichstr. 1–3
65183 Wiesbaden

Montag-Club
Herderstr. 53
53173 Bonn

Orden pour le mérite für Wissenschaft und Künste
Graurheindorfer Str. 198
53117 Bonn

Großloge der Deutschen Odd Fellows
Clever Landstr. 77
23611 Bad Schwartau

Rebekka-Logen
Rhotenbaumchaussee 199
20149 Hamburg

Der Orden vom Rosenkreuz, A. M. O. R. C.
Lange Str. 69
76527 Baden-Baden

Rotary International
Witikoner Str. 15
CH-8032 Zürich

Round Table Deutschland
Raseweg 4
37124 Rosdorf (Göttingen)

Schlaraffia Berolina e.V.
Richard Strauss Str. 12
14193 Berlin

Soroptimist International Deutsche Union
Seelhorststr. 51
30175 Hannover

Der Übersee-Club
Neuer Jungfernstieg 19
20354 Hamburg

Union deutscher ZONTA-Clubs
Tewaagstr. 13
44803 Bochum

Literaturhinweise

Borch, Herbert v.
Amerika – Dekadenz und Größe
München 1981

Bütow, Wolf J.
In guter Gesellschaft
Düsseldorf 1981

Galea, Michael
German Knights of Malta
Malta 1986

Holtorf, Jürgen
Die verschwiegene Bruderschaft
München 1986

Lewis, Sinclair
Babbitt
Berlin 1924

Müller-Mees, Elke
Was heißt schon Männersache!
Genf 1989

Völger, Gisela/Welck, Karin v.
(Hrsg.)
Männerbünde – Männerbande,
2 Bände
Köln 1990